DIE GEBRAUCHSANWEISUNG FÜR IHR LEBEN

JOE VITALE

DIE GEBRAUCHS-ANWEISUNG FÜR IHR LEBEN

Das Handbuch, das Sie in der Wiege hätten vorfinden sollen

Die Originalausgabe erschien unter dem Titel
Life's Missing Instruction Manual, Joe Vitale
ISBN: 0-471-76849-9

Aus dem Amerikanischen von Christian Seidel
Druck: Ebner & Spiegel, Ulm

Joe Vitale
DIE GEBRAUCHSANWEISUNG FÜR IHR LEBEN
Das Handbuch, das Sie in der Wiege hätten vorfinden sollen
ISBN: 978-3-938350-35-5

Bibliografische Information der Deutschen Bibliothek
Die Deutsche Bibliothek verzeichnet diese Publikation in der Deutschen Nationalbibliografie; detaillierte bibliografische Daten sind im Internet über <http://dnb.ddb.de> abrufbar.

BÖRSEN MEDIEN
AKTIENGESELLSCHAFT

Postfach 1449 · 95305 Kulmbach
Tel. 0 92 21-90 51-0 · Fax 0 92 21-90 51-44 44

„Ehre alles Leben."

BENU

Inhalt

Absender

Name, Vorname

Straße

PLZ / Ort

Telefon, Fax

E-Mail

Geburtsdatum Unterschrift

Bitte freimachen

Antwort-Postkarte

Börsenmedien AG
Postfach 1449
95305 Kulmbach

Vorwort

Wie selten trifft man doch im Leben auf ein Buch, in dem jedes Wort richtig und jede Idee vernünftig klingt! Genau eine solche Entdeckung war Joe Vitales neues Buch für mich: Die Gebrauchsanweisung für Ihr Leben. Ich wage die Vorhersage, dass auch Sie ein tiefes Einverständnis empfinden werden, wenn Sie Joes Worte lesen und sich der Fundgrube praktischer Einsichten öffnen, die dieses Buch für Sie bereithält. Auf jeder Seite gibt es etwas Wertvolles zu entdecken.

Eines habe ich mir und dem Universum geschworen, als ich begann, selber zu schreiben: Niemals würde ich über Methoden oder Prinzipien schreiben, die ich nicht bereits selber überprüft und für mein eigenes Leben als brauchbar befunden habe. Als ich die „Gebrauchsanweisung für Ihr Leben las", wurde mir klar, dass Joe Vitale einen ähnlichen Schwur geleistet haben musste. Und gerade in der heutigen Zeit, in der die Medien so allgegenwärtig sind und in der so viel Unfug im Namen der Wahrheit verzapft wird, halte ich diesen Schwur für besonders wichtig. Als ich vor etwas mehr als 30 Jahren an der Universität Stanford an meiner Doktorarbeit über die Beratungspsychologie saß, begegnete ich zahlreichen Fachleuten in diesem Bereich. Doch mit wachsender Enttäuschung stellte ich fest, dass keiner dieser Experten selber Erfahrung mit den Verfahren gesammelt hatte, für die er oder sie sich einsetzte. Die Ausrede lautete in der

Regel, es sei wichtig, eine objektive Distanz zu wahren. Die Botschaft lautete grundsätzlich: „Tu, was ich dir sage, nicht was ich tue." Die Weisheit, die Joe mit diesem Buch vermittelt, stammt vom anderen Ende des Spektrums. Hier gibt es glücklicherweise keinerlei nüchterne Distanz. Vielmehr bietet dieses Buch die Quintessenz einer Lebensweisheit, die sich täglich an vorderster Front zu bewähren sucht und realen Menschen helfen will, reale Probleme zu lösen.

Während ich die mundgerechten Weisheitshappen dieser Gebrauchsanweisung verschlang, ertappte ich mich immer wieder bei dem Gedanken: „Genau das habe ich meinen Therapieklienten auch schon gesagt!" In den vergangenen 25 Jahren habe ich mit über 20.000 Einzelpatienten und mit fast 4.000 Paaren gearbeitet, viele der hilfreichen und wertvollen Weisheiten, die Joe aufdeckt, waren meiner Frau und mir bereits vertraut. Manchmal hatten wir diese auf die harte Tour lernen müssen, weil wir uns zunächst genau falsch verhalten hatten. Meine größte Hoffnung wäre daher, dass dieses Buch seinen Lesern den schmerzhaften Weg ersparen möge, einige seiner Lektionen erst durch eigene Erfahrung lernen zu müssen.

Einer meiner ersten Vorbilder, Buckminster Fuller, sah in jedem Fehler eine wertvolle Erfahrung. Einer der wichtigsten Gründe, dass er zeitlebens kreativ und schöpferisch arbeiten konnte, lag darin, so sagte er, dass er mehr Fehler gemacht hatte als jeder andere Mensch, dem er je begegnet war. Doch wer sich genau anhörte, was Bucky als Fehler auffasste, dem wurde schnell klar, dass Bucky eigentlich nicht an Fehler glaubte. Was er Fehler nannte, waren im Grunde Lektionen, aus denen er fürs Leben lernen konnte. Solche Lektionen immer und immer wieder vorgesetzt zu bekommen, können wir vermeiden, indem wir offen und bereit zu lernen sind. Öffnen Sie sich noch stärker fürs Lernen, würde Bucky sagen, dann steigt die Qualität Ihrer Fehler immer weiter und weiter.

Die Lektüre dieses Handbuchs macht deutlich, wie viel Joe Vitale vom Leben gelernt hat. Er beschreibt sein Lernen in so brillanter Schlichtheit, dass jeder von uns diese Weisheiten sofort umsetzen kann. Doch darüber hinaus ist dieses Buch auch ein Buch, das zu lesen wirklich Freude macht. Als jemand, der jährlich einige Hundert Bücher erhält, um ihnen seinen Segen zu geben (was ich in 99 Prozent der Fälle ablehnen muss), weiß ich den Spaßfaktor, den Joe in die tiefe Weisheit seines Buches einfließen lässt, sehr zu schätzen. Alles zusammengenommen ist die „Gebrauchsanweisung für Ihr Leben" eine sehr weise, hilfreiche und unterhaltsame Lektüre, die ich jedem wärmstens empfehlen will, der gerne ein tieferes, reicheres Leben führen möchte.

– Dr. Gay Hendricks

Autor von „*Bewusster leben und lieben, Visionäres Management als Führungskonzept der Zukunft*„ und „*Liebe macht stark*" (gemeinsam mit Dr. Kathlyn Hendricks). Mitbegründer des DVD-Clubs The Spiritual Cinema Circle und des Buch-Clubs The Transformational Book Circle.

Danksagung

Die Idee für dieses Buch stammt von Matt Holt, meinem Lektor und nunmehr geschätztem Freund im Verlagshaus von Wiley & Sons, Inc. Es ist eine große Ehre, dass er mir diese Idee antrug. Meine Assistentin Suzanne Burns half mir, alles zusammenzutragen, und sorgte zudem dafür, dass auch ich während des Schreibprozesses einigermaßen beieinander blieb. Mark Weisser gab mir redaktionelle Hilfestellung. Meine Expertengruppe unterstützte mich über den ganzen Schreibprozess hinweg: Craig Perrine, Cindy Cashman, Pat O'Bryan, Bill Hibbler, Nerissa Oden und Jillian Coleman-Wheeler. Nerissa, meine Liebe, fütterte die Katzen und Wolfie, damit ich mich ganz aufs Schreiben konzentrieren konnte. Viele Menschen haben mit ihren Artikeln und Ideen ihren Beitrag zu diesem Buch geleistet und werden an entsprechender Stelle genannt. Danken möchte ich auch den Mitarbeitern bei John Wiley & Sons, Inc., die dieses Buch zu einem Kunstwerk gemacht haben, darunter Shannon Vargo, Kate Lindsay und Kevin Holm. Falls ich jemanden vergessen haben sollte, entschuldige ich mich dafür. Ich bin sehr dankbar für die gelungene Teamarbeit und vom Endergebnis sehr beeindruckt. Ich danke euch allen.

Zum Umgang mit dieser Gebrauchsanweisung

Einführung

Was du heute tust,
entscheidet über deine Zukunft.

– Dr. Joe Vitale

Vor vielen Jahren, es mögen zwanzig sein, habe ich einmal ein ungewöhnliches, handgefertigtes Handbuch aus Florenz entdeckt. Seine leeren Seiten waren aus handgeschöpftem Papier, und sein Einband bestand aus echtem, gegerbtem Leder. Es war diese Art antiker Fundstücke, bei denen man unwillkürlich an Leonardo da Vinci denkt, der gut und gerne so ein Skizzenbuch hätte haben können. Oder an Michelangelo. Vielleicht aber war es auch das Buch eines alten, weisen Zauberers, der hierein seine Erkenntnisse über die Geheimnisse des Universums notierte.

Über Jahre hinweg schrieb ich meine Notizen in dieses magische, kleine Heft. Nicht so sehr irgendwelche Tagebucheintragungen, als vielmehr die echten Entdeckungen des Lebens. Es war meine Art und Weise, das festzuhalten, was mir bei meiner Erkundungsreise durch das Leben begegnete. Einige meine Ideen und Entdeckungen fanden Eingang in eines meiner früheren Bücher, „The Attractor Factor“.

Doch habe ich in jenem ersten Titel nicht alle Geheimnisse gelüftet, da ich glaubte, sie seien in vielerlei Hinsicht für den Durchschnittsmenschen kaum zu fassen, geschweige denn zu verwenden. Ich war mir auch nicht sicher, ob es mir gelänge, die fortgeschrittenen Konzepte voll und ganz verständlich zu machen. Also behielt ich viele meiner Aufzeichnungen für mich.

Ich hatte nie die Absicht, dieses Material zu veröffentlichen. Denn andernfalls hätte ich meine Einblicke gleich in die Maschine getippt, anstatt sie per Hand aufzuschreiben. Aber zumindest hätte ich mich um eine deutlich lesbarere Handschrift bemüht. Doch nun liegt es vor Ihnen. Eine der vielen Lektionen im Leben ist, dass wir nie wissen können, was an der nächsten Ecke auf uns wartet. Was Sie heute im Glauben tun, es sei für niemand anderes als Sie selbst bestimmt, kann schon morgen zu dem werden, was andere Menschen kaufen, lesen und als Ausgangspunkt verwenden, um ihr Leben zu ändern.

Mit diesen Worten übergebe ich Ihnen also die Grübeleien eines Mannes in der Mitte seines Lebens (und ich hoffe, dies ist die Mitte meines Lebens). Ich habe zwar noch so viel mehr zu lernen (was einen zweiten Band andeutet, der irgendwann erscheinen könnte), aber vielleicht entdecken Sie schon im vorliegenden Buch etwas, das Sie auf Ihrem Weg vor einigen Mühen und Schwierigkeiten bewahren könnte.

Und – da auch ich nicht alles weiß (stimmt, das überrascht mich ebenfalls) – habe ich andere darum gebeten, aus den Lektionen ihres Lebens etwas zu dieser Gebrauchsanweisung beizutragen. Sie werden diese an verschiedenen Stellen des Buches wiederfinden.

Viel Spaß damit.

– Dr. Joe Vitale
www.mrfire.com

SIE

Willkommen im Leben

Ihr Kraftpunkt ist hier und jetzt

Krieg – Konjunktursorgen – Umsatzflaute – Arbeitslosigkeit.

Es sieht wirklich düster aus, richtig?

Aber ich möchte Sie auch daran erinnern, dass wir sehr viel schlimmere Zeiten durchlitten, überlebt und gut überstanden haben. Zum Beispiel:

1780 erklärte George Washington: „Wir haben kein Geld mehr; wir haben schon lange kein Geld mehr ..."

Dann schuf er seiner Familie ein Anwesen, das zum Zeitpunkt seines Todes eine drei viertel Million Dollar wert war.

1840 schrieb ein Reisender: „So groß ist die Panik und so furchtbar das Elend, dass zahllose Farmen verlassen wurden, deren Felder gerade bestellt werden sollten oder gar bereits bestellt waren. Nicht eine Menschenseele war mehr zu finden."

Aber das Problem haben wir auch überwunden.

1857 hieß es in einem Leitartikel: „Dies ist ein finsterer Moment unserer Geschichte. Eine Besorgnis von dem Ausmaß, wie wir es derzeit erleben, hat es seit Jahren nicht – und wahrscheinlich im Leben der meisten Leser dieser Zeitung noch nie – gegeben." Auch das ging vorüber.

1873 wurden die Vereinigten Staaten von einer Krise erschüttert, die die gesamte Nation erfasste. Eine Zeitung berichtete:

„Im gesamten Land schließen die Manufakturen ihre Betriebe und entlassen ihre Arbeitskräfte, schlicht weil sie weder ihre hergestellten Waren verkaufen noch Kredit aufnehmen können, um ihre Waren zu lagern, bis sich die Nachfrage wieder belebt hat."

Doch auch diese Krise haben wir überlebt.

1893 schrieb ein Zeitzeuge über die erschütternden Dinge, die er sah: „Ich habe jeden Börsencrash der vergangenen dreißig Jahre erlebt, aber nie zuvor habe ich einen Crash gesehen, in dem das Elend solche Dimensionen annahm und so viele bislang von Krisen verschonte Menschen erreichte wie in diesem Crash von 1893."

Und auch diese Krise haben wir überstanden.

Genauso haben wir die Weltwirtschaftskrise von 1929 überlebt, zwei Weltkriege, die dramatischen Befürchtungen vor dem Jahreswechsel 2000 und selbst den 11. September.

Dunkel und düster erscheint häufig nur das, worauf die Medien gerade ihre Aufmerksamkeit fokussieren. Bedenken Sie die Worte Mahatma Gandhis: „Wenn sich in mir Verzweiflung breit macht, erinnere ich mich daran, dass Wahrheit und Liebe in der Geschichte der Menschheit immer gesiegt haben. Es hat viele Tyrannen und Mörder gegeben, und für eine Zeit mögen sie wie unbesiegbar erscheinen, aber zu guter Letzt gehen sie immer unter. Denke daran … immer wieder."

Ich könnte diese Liste unendlich fortsetzen, aber der Punkt ist folgender: Das Leben hat immer seine Hochs und Tiefs. Das Geheimnis ist, so gut wir können im Fluss der Gezeiten zu bleiben. Wer jammert, hält sich nur davon ab, neue Möglichkeiten zu erkennen oder gar zu erschaffen. In jeder Krise und in jeder Generation hat es Männer und Frauen gegeben, die mit offenen Augen durch das Leben gingen und dadurch neue Möglichkeiten sehen und ergreifen konnten.

Ob George Washington, der später Präsident werden sollte und sein eigenes Vermögen schuf, oder der Zirkuspionier P.T. Barnum, der selbst zu den Zeiten des amerikanischen Bürgerkriegs wirtschaftliche Erfolge feierte – Tatsache bleibt: Nicht die Umstände machen Sie zu dem, was Sie sind, Sie machen sich zu dem, was Sie sind. Diese „schlechte Zeit" könnte sich als Ihre erfolgreichste Phase überhaupt erweisen.

Vielleicht müssen Sie einfach nur Ihre Ansprüche etwas mäßigen. Bruce Barton schrieb 1941: „Ich war dreimal in meinem Leben ohne Arbeit. Jedes Mal habe ich meine Umgebung untersucht und festgestellt, dass es noch zu tun gab, wenngleich diese Arbeit sich von meiner bisherigen unterschied."

Barton arbeitete als erfolgreicher Autor und Kongressabgeordneter, war ein vielbeachteter Redner und gründete das Unternehmen BBDO, eine der größten Werbeagenturen der Welt. Und er wurde Millionär.

Und verfallen Sie nicht diesem Irrglauben, die Vergangenheit sei besser als die Gegenwart. 1907 sagte der berühmte Magnat John D. Rockefeller: „Die Menschen reden manchmal, als ob wir älteren Männer in einer eigenartig chancenreichen Zeit gelebt hätten, und als ob ein junger Mann heutzutage nicht mehr die Möglichkeit hätte, zu tun, was meine Generation von Männern getan hat, als ob alle Wege versperrt und alle großen Dinge getan seien. Nichts könnte der Wahrheit ferner liegen.

Denn zu der Zeit, als ich die Augen auftat, herrschte düsterste Mitternacht. Heute aber stehen wir in der gleißenden Mittagssonne."

Ein Wort an den Weisen: Sei aufmerksam, handle und mehre deinen Wohlstand.

Die Chancen warten überall.

Welche werden Sie zuerst entdecken und gleich ergreifen?

Der Kraftpunkt Ihres Lebens ist jetzt!

Dies ist der Moment, in dem Sie in der gleißenden Mittagssonne stehen.

Ich wünschte, ich hätte gelernt ...

JIM EDWARDS

„Ich wünschte, ich hätte gelernt, dass ich alles tun kann, was ich wirklich glaube, tun zu können. Es mag sehr simpel klingen, aber genau das ist die Grundlage jeder Errungenschaft (oder ihres Ausbleibens) in jedermanns Leben. Sobald ich glaubte, ich könnte, konnte ich, … während ich zuvor geglaubt hatte, ich könnte nicht, und nicht konnte. Wenn Sie Ihr Leben zum Besseren wenden wollen, dann ändern Sie Ihren Glauben daran, was für Sie möglich ist, was Ihnen zusteht, und was Sie erreichen können, wenn Sie sich einfach nur entschlossen an die Arbeit machen. Sicher, es klingt fast zu einfach, aber solange Sie dies nicht leben, mit jedem Atemzug aufsaugen, und es zu einem Teil dessen werden lassen, was Sie als Mensch ausmacht, so lange werden Sie nur bekommen, was Sie früher bekommen haben, und was, wie ich vermute, nicht ist, was Sie bekommen wollen. Fangen Sie an, an sich zu glauben, und Ihre Welt wird sich schneller zum Besseren wenden, als Sie das je für möglich gehalten haben!"

Jim Edwards, Verfasser von „5 Steps To Getting Anything You Want"
Siehe: www.HowToGetAnythingYouWant.com.

Das Glück wartet auf Sie, hier und jetzt

Niemand wird Ihnen glauben, wenn Sie das erzählen. Doch Sie haben jederzeit die Wahl, glücklich zu sein.

Ich kann jetzt glücklich sein?

Richtig, genau jetzt.

Wie das?

Indem Sie sich entscheiden, glücklich zu sein.

Sie brauchen nicht mehr Geld (wenngleich das schön wäre).

Sie brauchen nicht dünner zu sein (wenngleich Ihnen das gefallen könnte).

Sie brauchen gar nichts (wenngleich Sie immer noch Wünsche haben könnten). Sagen Sie sich einfach: „Ich werde jetzt glücklich sein."

Diesen Trick kennen nur die wenigsten, denn keiner hatte bislang eine Gebrauchsanweisung fürs Leben.

Lächeln Sie. Seien Sie glücklich.

„Wenn Sie nicht glücklich sind, verpassen Sie eine großartige Gelegenheit."

Das Leben muss nicht hart sein

Das Leben muss nicht hart sein. Nur die wenigsten wissen dies (außer natürlich, sie haben diese Gebrauchsanweisung gelesen).

Die meisten Menschen glauben, sie müssten kämpfen und sich ständig plagen. Dem ist nicht so. Sie können das Leben sich entfalten lassen. Das Geheimnis besteht darin, sich auf Ihre Wünsche zu konzentrieren, zu tun, was vor Ihnen liegt, und dem Prozess zu vertrauen.

Sicher, das Leben kann schwer sein.

Aber es kann auch leicht sein.

Der Unterschied liegt vor allem darin, wie Sie das Geschehen betrachten.

Wenn Sie einen Marathon zu laufen für schwierig halten, wird es Ihnen nicht sehr leicht fallen. Aber wenn Ihnen das Laufen Freude bereitet und Sie einen Marathon als eine willkommene, persönliche Herausforderung betrachten, dann werden Sie ohne große Schwierigkeiten ans Ziel gelangen. Natürlich werden Sie schwitzen und sich abkämpfen und unterwegs nach Luft schnappen. Aber es wird Ihnen Freude bereiten.

Und so ist es mit allen Dingen: Sie haben die Wahl.

Sie sind hinter Ihren Augen

Ich lag bei meinem Hausarzt rücklings auf dem Operationstisch. Es war nur ein kleiner Eingriff. Daher war ich bei Bewusstsein, als sich der Arzt in meine Brust vorarbeitete, schnitt und schnippelte, um meine Wunde zu säubern.

Es war keine große Sache. Keine Herzoperation und keine Lungentransplantation. Doch ich lag auf diesem Tisch, hellwach, und fühlte mich, als mache er sich an einer Maschine zu schaffen. Ich war nur einfach zufällig in dieser Maschine. Was er tat, geschah nicht mit mir, sondern mit etwas, das mir gehörte.

Merken Sie sich:

- Sie haben einen Körper.
- Aber Sie sind nicht Ihr Körper.
- Sie haben einen Geist.
- Aber Sie sind nicht Ihr Geist.
- Sie haben Gefühle.
- Aber Sie sind nicht Ihre Gefühle.
- Sie sind das Wesen hinter all dem, Sie können Entscheidungen treffen, Sie können all dem eine Richtung vorgeben.
- Wählen Sie klug. (Der Rest dieser Gebrauchsanweisung wird Ihnen dabei helfen.)

Ihre Gefühle sind verborgene Gedanken

„Gefühle sind der Schatten der Gedanken“, schreibt Michael Ryce in seinem Buch *Why Is This Happening to Me … Again?* Ihre Gedanken schaffen Ihre Gefühle, aber manchmal geschieht dies derart blitzschnell, dass Sie nicht mal mehr das Zucken hören, mit dem ein Gedanke in ein Gefühl fährt.

„Ihre Gefühle unterrichten Sie über die Art der Einwirkung Ihrer Gedankenenergie auf Ihren Körper“, schreibt Ryce. „Wenn Sie Schmerzen haben, liegt der Fehler bei Ihnen.“

Werden Sie bewusst.

Während Sie im Folgenden dieses Handbuch lesen und Ihrem Leben nachgehen, wird dieses Konzept deutlicher werden. Machen Sie sich fürs Erste klar, dass sich Ihre Gefühle nicht unangekündigt von hinten anschleichen und dass sie sich nicht vollständig Ihrer Kontrolle entziehen.

Ihre Gefühle entspringen Ihren Gedanken. Ändern Sie Ihre Gedanken, dann ändern Sie auch Ihre Gefühle.

Sich damit vertraut zu machen, wird dauern.

Genießen Sie den Prozess.

Alles ist gedankengesteuerte Energie

Die ganze Welt besteht aus Energie – Sie, ich, dieses Buch, der Stuhl, auf dem Sie sitzen, der Raum, in dem Sie sich befinden, und so weiter.

Unsere Gedanken geben dieser Energie ihre Form.

Denken Sie beispielsweise einige Minuten etwas sehr Negatives und schauen Sie sich dann im Spiegel an. Sie werden die Dunkelheit sehen, die Sie umgibt. Wahrscheinlich werden Ihre Schultern herunterhängen, Ihre Augen düster dreinschauen und Ihre Stirn sich in Falten werfen. Diese Veränderungen haben Ihre Gedanken geschaffen; Ihre Mitmenschen nehmen diese Veränderungen als eine Energieveränderung wahr.

Denken Sie jetzt ein paar Minuten an etwas sehr Positives. Und schauen Sie sich dann im Spiegel an. Sie werden ein fröhliches Strahlen sehen. Ihre Schultern werden gestrafft sein, Ihre Augen funkeln und Ihr Gesicht ein Lächeln tragen. Auch diesmal haben Ihre Gedanken für eine Energieveränderung gesorgt.

Gedanken ändern die Energie all dessen, was uns umgibt. Machen Sie sich positive Gedanken, um damit sich und anderen zu helfen. Lassen Sie uns glückliche und produktive Leben führen.

Sie können Ihre Gedanken nicht abstellen, aber Sie müssen auch nicht auf sie hören

Ihr Kopf wird immerzu arbeiten, Tag und Nacht, wenn Sie wach sind und wenn Sie schlafen, ein Leben lang.

Und das ist gut so. Denn Ihr Kopf hilft Ihnen, zu gehen, zu sprechen, zu fahren und zu leben.

Aber unterwegs werden Sie feststellen, dass manche Gedanken Sie beschwingen, während andere Sie herunterziehen. Einige Gedanken werden gut sein, andere werden schlecht sein. Einige Gedanken werden ein positives Verhalten fördern, andere könnten ein negatives Verhalten fördern.

Sie müssen aber nicht jedem Gedanken gehorchen.

Ich habe vor einigen Jahren ein T-Shirt gekauft, auf dem zu lesen ist: „Meditation ist nicht, was du denkst."

Ganz genau.

Die Meditation ist der Raum *hinter* unseren Gedanken. Je mehr Sie auf die Leinwand achten können, auf der sich unsere Gedanken abspielen, desto freier sind Sie von Ihren Gedanken.

Das mögen Sie jetzt noch wenig nachvollziehbar finden, merken Sie sich also Eines:

„Sie können Ihre Gedanken nicht abstellen,
aber Sie müssen auch nicht auf sie hören."

Alles ist eine Projektion von innen

Es wird Ihnen zunächst schwerfallen, das zu glauben, aber alles in Ihrem Leben ist eine Projektion der Schattenseiten Ihres eigenen Geistes.

Ich habe Sie ja gewarnt, dass es schwer zu fassen sein würde.

Nichts ist leichter als Schuldzuweisungen und Ausreden. Damit entgehen Sie der eigenen Verantwortung.

Aber in Ihrem Leben geht es nur um die absolute Verantwortung.

Wenn Sie sich umschauen, betrachten Sie alles, was Sie sehen, im Inneren Ihres Geistes. Dort hingekommen ist es durch Ihre eigenen, mentalen Filter. Um irgendetwas zu ändern, müssen Sie sich im Innern ändern.

Das ist schwer nachzuvollziehen, denn die meisten haben diese Gebrauchsanweisung nicht. Ihnen wurde nie gesagt, dass das Leben von innen nach außen abläuft.

Wenn Sie jemand ärgert, dann hat er bei Ihnen einen Knopf gedrückt.

Wenn Sie in eine Situation geraten, die Ihnen missfällt, dann hat Sie Ihre innere Programmierung dorthin gebracht.

Wenn dies stimmt (und das tut es), wie können Sie es dann ändern?

Sie müssen sich die Tatsache zu eigen machen, dass Sie diese Erfahrungen anziehen.

Alle diese Erfahrungen.

Und dann müssen Sie Ihr Inneres akzeptieren und es loslassen.

Wenn Sie jemand ärgert, dann beobachten Sie, wie Sie sich selber ärgern, nehmen Sie es liebevoll an und lassen Sie es gehen. Wenn Sie Ihr inneres Selbst verändern, werden Sie Veränderung im Äußeren erkennen.

Das ist ein grundlegendes Prinzip.

Kümmern Sie sich darum.

Ihr Wesen ist Ihr aktuelles Verhalten

Ich sei von Natur aus pessimistisch, sagte mir ein Freund, als ich noch das College besuchte. Er sah meine Traurigkeit, meinen niedergeschlagenen Gesichtsausdruck, mein ständiges Nörgeln und kam so zu dem Schluss, dass ich ein pessimistisches Wesen habe.

Dreißig Jahre später wurde ich zu einem Radiointerview geladen. Die Moderatorin wollte wissen, wie ich an ein so optimistisches Naturell gekommen sei. Sie sah mein Lächeln, das Leuchten meiner Augen, meine ständigen Dankesbekundungen und kam zu dem Schluss, dass ich ein optimistisches Wesen habe.

Welches ist denn nun mein Wesen?

Beides.

Ihr Wesen ist einfach nur die Rolle, für die Sie sich entschieden haben und die Sie einnehmen. Suchen Sie sich etwas anderes aus und Ihr Verhalten wird ein anderes sein. Spielen Sie Ihre neue Rolle lange genug, dann wird sie irgendwann als Ihr eigentliches Wesen erscheinen.

Wally Mintos schreibt in *The Results Book*: „Solange Sie sich Ihre Rolle nicht komplett eingeprägt haben, haben Sie das Gefühl sie nur zu spielen. Sobald Sie sich aber Ihre Rolle wirklich gut eingeprägt haben, wird sie zur Gewohnheit und Sie glauben, sie sei Ihr eigentliches Wesen."

Wenn Sie Ihr Wesen ändern wollen, beginnen Sie Ihr Verhalten zu ändern. Das mag zunächst unangenehm sein, so als ob Sie wirklich schauspielern müssten. Aber nach einer Weile wird es Ihnen in Fleisch und Blut übergehen und jeder wird annehmen, Sie seien so auf die Welt gekommen.

Woher können Sie wissen, was Sie wollen?

Einige Menschen behaupten, sie wüssten nicht, was sie wollen.

Das ist gelogen.

Sie wissen immer, was Sie wollen. Möglicherweise wollen Sie es nicht eingestehen, nicht mal sich selber.

Wenn Sie klar und deutlich sagen, was Sie wollen, müssen Sie entweder nach Wegen suchen, es zu realisieren, oder aber nach den besten Ausreden suchen, weshalb es sich nicht verwirklichen lässt.

Manchmal ist es einfach leichter zu sagen, man wisse nicht, was man wolle.

Aber das ist eine Lüge.

Sie wissen, was Sie wollen.

Gestehen Sie es sich also ein.

Keiner schaut zu.

Keiner lauscht.

Was also wollen Sie?

Worauf immer Sie Ihre Aufmerksamkeit lenken, Sie werden mehr davon bekommen

Menschen ohne diese Gebrauchsanweisung lenken ihre Aufmerksamkeit auf Dinge, die sie nicht wollen. Sie bekommen mehr davon.

Sie aber sind klüger. (Richtig?)

Wenn Sie Wohlstand wollen, lenken Sie Ihre Aufmerksamkeit auf Wohlstand.

Wenn Sie Gesundheit wollen, lenken Sie Ihre Aufmerksamkeit auf Gesundheit.

Wenn Sie Glück wollen, lenken Sie Ihre Aufmerksamkeit auf Glück.

Es ist ein übersehenes, aber unfehlbares Geheimnis des Universums:

Worauf immer Sie Ihre Aufmerksamkeit lenken, Sie bekommen mehr davon.

Was immer Sie nach „Ich bin ...“ sagen, bestimmt, wer Sie sein werden

Sie erschaffen sich selber. Durch das, was Sie auf die Worte „Ich bin ...“ folgen lassen. Das zu verstehen ist ein wichtiger Schritt.

Mir geht es nicht um die Dinge, die Sie laut und deutlich artikulieren, wenngleich dies auch dazugehört. Mir geht es um die Worte, die Sie zurückgezogen im Selbstgespräch sagen.

„Ich bin dick“, oder „ich bin dumm“, könnten diese Art von Selbstbeurteilungen sein. Doch genau das sind die Befehle, die Sie dorthin geführt haben, wo Sie heute stehen.

Beginnen Sie zu sagen, wer Sie werden wollen, und schon bald werden Ihre Worte Wirklichkeit.

Was Sie lieben und was Sie hassen, wird sich zu Ihnen hingezogen fühlen

Hier wirkt das Gesetz der Anziehung, kurz gesagt: Was immer Sie lieben oder hassen – Sie werden es magisch anziehen.

Mit anderen Worten, wenn Sie eine politische Partei oder eine bestimmte Art zu leben besonders verabscheuen, wird sie Ihnen überall begegnen. Ihr Hass ist eine starke Energie, die mehr von der gleichen Energie anzieht.

Und ebenso werden Sie, wenn Sie etwas wirklich lieben, etwa ein bestimmtes Auto oder eine bestimmte Aktivität, tendenziell mehr davon in Ihr Leben ziehen.

Die Lektion hier lautet, die eigenen Leidenschaften sorgfältig auszuwählen. Zu wissen, dass Sie den Magneten steuern können, wird Ihnen helfen, die Mächte zu erwecken, die in Ihnen schlummern.

Ihr Körper braucht keine Neumontage

Schauen Sie in den Spiegel.

Alles dran?

Haben Sie ein Paar Arme? Beine? Augen? Ohren?

Einige Menschen kommen mit fehlerhaften Bauteilen daher, aber sie sind dennoch in der Lage, ein großartiges Leben zu führen. Machen Sie sich also keine Gedanken, wenn Ihre Bauteile etwas zu klein oder zu groß ausgefallen sind, oder gar vollständig fehlen.

Sie sind dennoch okay.

Wenn Sie ein Dingsda haben, sind Sie ein Junge.

Wenn nicht, sind Sie ein Mädchen.

So oder so, herzlichen Glückwunsch!

Sie haben alles, was Sie für ein gutes Leben brauchen.

Und eine Neumontage ist auch nicht nötig.

Super Haar, super Tag!

Meine verstorbene Ex-Frau liebte Make-up und Haar-Styling. Ihre Visitenkarte trug einen Einzeiler, der alles sagte: „Super Haar, super Tag!“

Hier geht es einfach nur um das gute Selbstgefühl. Wenn ein gutes Selbstgefühl für Sie bedeutet, eine schöne Frisur zu tragen oder ein gutes Hemd, dann ist das eben so. Je besser Sie sich fühlen, desto freundlicher wird die Welt Ihnen begegnen.

Ihr Gedächtnis wird nie hundertprozentig sein

Sie werden sich nicht an alles erinnern können.

Sie werden sich nicht an alles hundertprozentig erinnern können.

Das Beste ist, Sie machen sich Notizen.

Als ich im Rahmen eines Marketing-Symposiums in San Antonio sprach, saß eine der größten Marketing-Koryphäen im Publikum. Es handelte sich um Ted Nicholas, einer meiner Vorbilder und Mentoren. Mir fiel auf, dass sich Ted während meiner gesamten Präsentation wie wild und unablässig Notizen machte.

Als ich auf einer Veranstaltung in Las Vegas sprach, saß Jack Canfield – der Verfasser einer Reihe ausgesprochen erfolgreicher Bücher mit dem Motto *Hühnersuppe* – unter den Zuhörern. Auch er machte sich seitenweise Notizen.

Keine dieser Legenden litt unter schlechtem Gedächtnis oder mangelndem Erfolg. Doch beide wussten um den Wert des Notizenmachens. Es half ihnen, das Gelernte zu verfestigen. Und es würde ihnen später helfen, denn sie würden ihre Notizen noch einmal durchgehen und das Gehörte auffrischen können.

Unser Gedächtnis spielt uns im Leben immer wieder Streiche. Erst glauben Sie, Sie werden sich problemlos an etwas erinnern können, und dann haben Sie es schon in wenigen Stunden wieder vergessen. Das gilt sogar für die wichtigsten Geheimnisse dieser Gebrauchsanweisung. Und falls Sie sich doch erinnern, dann ist Ihre Erinnerung schon von Ihrer Deutung überlagert.

Machen Sie sich Notizen.

Liebe

Nichts verwirrt uns auf so wunderbare Art und Weise wie die Liebe.

Genießen Sie es. Es wird länger anhalten, wenn Sie sich darauf einlassen und nicht davonlaufen.

Menschen, Tiere, Orte und sogar Dinge zu lieben, entspricht unserer Natur.

Wenn das Ende Ihres Lebens näher rückt, werden Sie zurückblicken auf all das, was Sie geliebt haben. Und Sie werden dabei ein Lächeln im Gesicht tragen.

Sex

Sie werden ihn haben wollen. Sie werden ihn mögen.

Suchen Sie sich jemanden, der dieselben Spielarten mag wie Sie, und genießen Sie es.

Sex ist nicht schlecht.

Sex ist nicht schmutzig.

Sex ohne Liebe ist Akrobatik.

Sex mit Liebe ist Glückseligkeit.

Nahrung

Ihr Fahrzeug – Ihr Körper – braucht Kraftstoff mit hohem Oktanwert.

Es braucht ihn alle drei Stunden.

Aber es braucht nicht viel davon.

Ein paar Proteine, viel Gemüse und Obst, jede Menge Wasser – das wär's schon.

Warnhinweis: Nur aus rein geselligem Anlass zu essen ist trügerisch. Denn Sie brauchen diesen Zusatzkraftstoff nicht. Wenn Sie zu viel zu sich nehmen, hat Ihr Fahrzeug schnell mehr Umfang, als Ihre Garage aufnehmen kann.

Bewegung

Sie brauchen Bewegung. Ihr Körper ist das Fortbewegungsmittel, das Sie ein Leben lang umhertragen wird. Ihr Körper muss gewartet werden. Bewegen Sie ihn, damit er gut geschmiert läuft.

Ihr Training muss nicht kräftezehrend sein.

Sanfte Übungen, wie beispielsweise Yoga, sind genauso wertvoll wie intensive Sportarten wie Rugby.

Genießen Sie die Sport- oder Bewegungsart, für die Sie sich entschieden haben. Darum geht es.

Auch muss Ihr Training nicht lang sein.

Nehmen Sie sich jeden Tag 30 Minuten, um sich zu bewegen.

Mit den anderen 23½ Stunden können Sie tun und lassen, was Sie wollen.

Ich habe es geschafft, innerhalb von 8 Monaten 64 Pfund abzunehmen, das Gewicht zu halten, an vier Fitness-Wettbewerben teilzunehmen und kein Training auszulassen. Wenn ich nach 50 Jahren Fettleibigkeit dazu in der Lage bin, dann schaffen Sie das auch.

Drei Lektionen des Lebens, die ich gerne früher gelernt hätte

DR. PAUL HARTUNIAN

Wenn ich auf mein Leben zurückblicke, dann tun sich drei Lektionen hervor, von denen ich jede einzelne fest in meinem Denken verankert habe.

1. Es gab nie etwas, vor dem ich hätte Angst haben müssen. Die Gelegenheit, die ich verstreichen ließ, die Leute, die ich nicht ansprach, der Rockstar, der ich nie wurde. All das habe ich auf dem Altar der Angst geopfert – einer Angst, die nie wirklich einen Grund hatte.
2. Meine schlechtesten Entscheidungen traf ich und meine schlimmsten Handlungen beging ich, als ich kleinlich, schwach oder mit mir selbst im Unreinen war, als ich mehr als unfreundlich über andere sprach, als ich unter negativen, äußeren Einflüssen stand.
3. Ich habe auf diesem Planeten eine größere Mission als das Geldanhäufen. Ein Hund namens Milo änderte vor dreizehn Jahren meinen Lebensweg tiefgreifend und nachhaltig. Er gab meinem Leben eine völlig neue Richtung. Dank Milo erkannte ich einen der wichtigsten Gründe meines Wohlstands. Ich hatte das Glück, ein großes Vermögen ansammeln zu können, weil ich so in der Lage war, obdachlosen, misshandelten und verlassenen Hunden zu helfen.

Milo lehrte mich Demut. Während ich so auf einer Rednertribüne stehe, auf der ich soeben einen Vortrag vor mehreren Hundert Menschen gehalten habe und nun mit stehender Ovation gefeiert werde, denke ich an eines: Während ich als Entgeld für meinen Vortrag einen Scheck in Empfang nehme, dessen Betrag vielen Leuten ein Jahr lang zum Leben reichen würde, erinnere ich mich ganz bewusst daran, dass ich am nächsten Tag zur selben Zeit in meinem Garten stehen und die Exkremente eines Dutzends geretteter Hunde einsammeln werde, die ich nun unter meiner Obhut habe.

Ich danke dir, Milo!

Dr. Paul Hartunian ist ein bekannter Redner, Autor und PR-Experte. In seinem kostenlosen E-Zine Million Dollar Publicity Tactics beschreibt er, wie Sie überall auf der Welt Ihre Werbung kostenlos im Radio, im Fernsehen, in der Zeitung und in Zeitschriften platzieren können. Weitere Informationen finden Sie unter: www.Hartunian.com/ezine.

INTERNE LEISTUNGSMERKMALE

Das Potenzial Ihres Lebens erkennen

Alles ist möglich

Die allermeisten Menschen haben keinerlei Vorstellung davon, dass sie selber steuern, welche Erfahrungen sie im Leben machen. Ihr gesamtes Denken ist auf die Opferrolle abgestimmt. Es ist so einfach, die Schuld woanders zu suchen und sich auf diese Weise vor der Verantwortung zu drücken. Aber das ist schon in Ordnung. Schließlich muss jeder von uns irgendwo anfangen.

Auf der nächsten Stufe des Weges, der hier herausführt, geht es um den Gedanken, dass das Leben auch anders sein könnte. Spielerisch beschäftigen Sie sich mit der Vorstellung, dass Sie mehr haben, tun oder sein könnten.

Wenn Sie eine Stufe weitergehen, beginnen Sie zu glauben, dass wir uns über die Unmöglichkeit der Dinge nicht wirklich sicher sind. Sie spielen mit dem Gedanken, dass das Leben besser und vielleicht wirklich großartig sein könnte, und vielleicht könnte sogar *Ihr* Leben besser und großartig sein.

Und wieder eine Stufe höher wissen Sie, dass alles möglich ist. Hier entwickeln Sie die mentale Kraft einer Gottheit. Sie beginnen zu erkennen, dass alles – wirklich alles – möglich ist. Die einzigen Grenzen tragen Sie in Ihrem Kopf.

Nehmen Sie die nächste Stufe.

Alles ist möglich.

Sie erschaffen Ihre Zukunft mit einem Stift

Zu den ewigen Geheimnissen gehört, dass Sie mit einem Stift und Ihrer Vorstellungskraft Ihre eigene Zukunft erschaffen können.

Und so gehen Sie vor:
Nehmen Sie einige Blatt Papier zur Hand oder werfen Sie Ihren Computer an. Tun Sie so, als wäre jetzt ein Jahr vergangen. Schreiben Sie einen Brief an einen Freund und beschreiben Sie, wie Sie alles, was Sie sich vorgenommen haben, erreicht haben. Gehen Sie in alle Einzelheiten. Spüren Sie die Glücksgefühle. Teilen Sie Ihre Begeisterung mit, wenn Sie die Einzelheiten Ihres Erfolges beschreiben.

Allein diese Handlung, die Sie so häufig wiederholen können, wie Sie möchten, erteilt dem Universum den Auftrag, Ihnen zu bringen, was Sie brauchen, um daraus eine neue Wirklichkeit entstehen zu lassen.

Hier und jetzt fängt es an, mit einem Stift.

Ziele zu erreichen ist leicht

Wie Sie Ihre Ziele leicht erreichen:

- Sie müssen wissen, was Sie wollen.
- Sie müssen es fühlen, als ob Sie es bereits erreicht hätten.
- Sie müssen den nächsten Schritt tun,
  der auf dem Weg zu Ihrem Ziel liegt.

Das ist alles.
Ist doch leicht, oder nicht?

Ihr Geist arbeitet nach seiner eigenen Vorstellung

„Der Geist arbeitet nach der eigenen Vorstellung, die er von sich selber hat."

Das lesen Sie besser noch einmal.

Diese Feststellung stammt von A. K. Mozumdar. Ich weiß weder, wer das ist, noch wo er ist. Ich habe diesen Satz in einem Buch von John Seaman Garns, *Prosperity Plus*, gefunden.

Was bedeutet dieses Zitat?

Was immer Sie wählen, glauben zu wollen, dies wird die Vorstellung sein, auf deren Grundlage Ihr Geist arbeiten wird.

Woran denken Sie gerade, wenn Sie über dieses Konzept lesen: „Der Geist arbeitet nach der eigenen Vorstellung von sich selber."

Wie immer Ihre Antwort lautet, genau das ist Ihre aktuelle Vorstellung – und unter ihr arbeitet Ihr Geist.

Sind Sie glücklich mit dem, was Sie denken?

Nehmen Sie Abstand vom Traum,
dass Sie nichts anderes seien
als die Folge von irgendwas,
und begreifen Sie, dass Sie selber die Ursache sind.

– Frances Larimer Warner,
Our Invisible Supply; Teil 2, 1909.

Wie Sie sich innerhalb einer Minute besser fühlen können

Das Leben muss Sie nicht runterziehen. Es gibt ein Geheimnis, wie Sie sich besser fühlen können, und zwar innerhalb von einer Minute.

Und so funktioniert dieses Geheimnis: Sie atmen langsam, tief und vollständig ein und seufzen dann.

So gehen Sie vor:

Nehmen Sie einen tiefen Atemzug. Füllen Sie Ihre Lungen.

Halten Sie ein paar Sekunden die Luft an.

Lassen Sie die Luft herausströmen mit einem langen, langsamen Seufzer der Erleichterung.

Wiederholen Sie es.

Falls nötig, noch einmal.

Diese Sauerstoffspülung hilft, jede Verstimmung aufzulösen.

Ein Lächeln ist eine universelle Sprache

Ganz gleich, wo Sie sind und in welcher Sprache gesprochen wird, jeder in jeder Kultur und in jedem Land versteht und antwortet auf ein Lächeln.

Wir waren in Italien und trafen auf Menschen, die kein Englisch sprachen, wir hatten dennoch die Möglichkeit, zu lächeln und so mit anderen eine Verbindung herzustellen.

Wenn Sie die Straße entlanggehen und auf einen Fremden treffen, kann ein Lächeln dafür sorgen, dass er sich besser fühlt und sich freut – über Sie, über die Welt und über diesen Tag.

Ein Lächeln ist eine universelle Sprache.

Verwenden Sie es unbefangen und häufig.

Das macht Leute neugierig.

Übung: Lachen Sie wie ein Kind, aus vollem Herzen

Lachen Sie.

Lachen Sie hier und jetzt.

Fangen Sie zu lachen an. Tun Sie zuerst nur so als ob. Kommen Sie, geben Sie sich Mühe! Beobachten Sie jetzt, wie es sich verselbstständigt. Es macht ganz von alleine weiter.

Lachen Sie dreimal täglich. Ein tiefes Lachen aus dem Bauch heraus. Lachen Sie mitten im Straßenverkehr. Im Bett. Unter der Dusche. Überall.

Sogar jetzt und hier. Brauchen Sie einen Grund zum Lachen?

Allein das ist schon ziemlich witzig.

Sie können auch ohne Grund lachen.

Tun Sie's.

Zeigen Sie es mir.

Was Sie sagen, schafft Anziehungskräfte

Fluchen Sie nicht.

Wenn Sie fluchen, senden Sie negative Schwingungen aus, die tendenziell noch mehr Negativität anziehen.

Halten Sie sich an ein Versprechen.

Wenn Sie versprechen, etwas zu tun, und es doch nicht tun, zeigen Sie anderen (und auch sich selbst), dass Ihnen nicht zu trauen ist.

Schauen Sie zu, wie Ihre Worte Realität werden.

Alles, was Sie sagen, hat die Tendenz sich zu manifestieren. Wenn Sie sagen, dass Sie etwas tun können oder nicht tun können, dann beginnt Ihre Aussage damit bereits Wirklichkeit zu werden.

Achten Sie darauf, was Sie sagen.

Hinter jedem Verhalten steckt ein Glaubensgrundsatz

Wann immer Sie sich über sich selber wundern und sich fragen, weshalb Sie etwas Bestimmtes getan haben, halten Sie nach einem Glaubensgrundsatz Ausschau.

Glaubensgrundsätze zwingen Sie Dinge zu tun, die Sie eigentlich für töricht halten. Doch ein Glaubensgrundsatz ist nicht töricht. Er ist nur ein Glaubensgrundsatz. Ändern Sie den Glaubensgrundsatz und Ihr Verhalten wird sich ändern.

Die meisten Menschen haben keine Ahnung, dass ihr Verhalten eine Folge der eigenen Glaubensgrundsätze ist. Sie werden immer versucht sein, die Schuld für ihr Verhalten bei anderen zu suchen – dem Staatschef, der Wirtschaft, ihrer Familie, bei Freunden, in der eigenen Kindheit und so weiter. Die Schuld woanders zu suchen ist so schön einfach. Damit lässt sich Verantwortung vermeiden.

Wenn Sie akzeptieren, dass Verhalten immer die Folge von Glaubensgrundsätzen ist, werden Sie motiviert sein, sich bessere Glaubensgrundsätze auszusuchen.

Es wird Ihnen auch helfen, andere zu verstehen.

Achten Sie wieder Ihren Selbstwert: Wandeln Sie Ihr Selbstgespräch von negativ zu positiv

Dr. Joe Rubino

Wir alle sind Menschen und als solche von Natur aus großartig. Wir verfügen über die Fähigkeiten, Hindernisse zu überwinden, uns sinnvolle Fertigkeiten anzueignen, unseren wichtigsten Werten zu folgen, unser Glück zu finden und andere mit unseren besonderen und einzigartigen Geschenken zu beglücken. Kurz gesagt, wir können die Verantwortung dafür übernehmen, ein optimales Leben zu führen. Doch angesichts der Schwierigkeiten, vor die uns das Leben immer wieder stellt, verlieren wir diese Tatsachen leider häufig aus den Augen. Von Geburt an und über unser gesamtes Leben hinweg machen wir unzählige Erfahrungen, die unsere Selbstachtung entweder verbessern oder unterminieren. Die allmähliche Schwächung unserer Selbstachtung beginnt mit der einfachen Beobachtung, dass wir aus irgendeinem Grund nicht mithalten können. Wir beurteilen uns selber als anders und als irgendwie ungenügend. Wir beschließen, dass wir nicht dazugehören. Von diesem Punkt an entwickelt sich unser Leben in Übereinstimmung mit unseren Erwartungen. Diese Erwartungen hängen direkt mit unserem Selbstgefühl zusammen. Entweder sind wir es wert, in den Genuss all der guten Dinge des Lebens zu kommen, oder aber wir sind nichts wert als Schmerz und Leid.

Wenn wir hart mit uns ins Gericht gehen, reduzieren wir auf dramatische Art und Weise unsere Fähigkeit, uns um die Liebe, den Erfolg und den Überfluss verdient zu machen, die die Welt für ihre Besten bereit hält. Wenn wir unser Handeln auf dem Glauben gründen, dass wir nicht in der Lage seien, wertvolle Beziehungen aufzubauen, materiellen Wohlstand und Glück zu erlangen, dann setzen wir damit genau diejenigen Dinge in Bewegung, die wir am meisten fürchten: Während unsere Selbstachtung auf hinterhältige Weise immer weiter abnimmt, fühlen wir uns zusehends unfähig, unser Leben und unser Vermögen produktiv einzusetzen. Resignation macht sich breit und nimmt uns den letzten Mut. Wenn wir uns als unwürdig wahrnehmen, bringen wir somit unweigerlich einen Teufelskreis in Gang, der genau das zur Folge hat, was wir erwartet haben, und somit unser Gefühl der Wertlosigkeit noch verstärkt. Je weiter unsere Selbstachtung fällt, desto unwahrscheinlicher wird, dass wir uns auf eine Art und Weise verhalten, die uns positives Feedback verschaffen und uns helfen könnte, den weiteren Verfall unserer Selbstachtung zu beenden.

Der Schlüssel, um diesen Prozess wachsender Selbstzweifel wieder rückgängig zu machen, besteht darin, stärkende Interpretationen der Dinge zu schaffen, die wir sagen oder tun, anstatt uns auf die negativen Interpretationen einzulassen, die uns peinigen und in uns ein Gefühl von Unzulänglichkeit erzeugen. Verbessern Sie Ihre Fähigkeit, Tatsachen von Ihren Interpretationen zu unterscheiden.

Allzu häufig verwechseln wir, was wirklich gesagt oder getan wurde, mit unserer persönlichen Wahrnehmung der Ereignisse. Menschen mit geringer Selbstachtung tendieren eher dazu, die Ereignisse des Lebens mit einer negativen Wahrnehmung zu versehen. Die Bedeutung, die sie solchen Situationen zusprechen, ist für sie mit einer negativen Konnotation verbunden, selbst wenn diese Bedeutung weder vorhanden noch beabsichtigt war. Diese schädlichen Interpretationen lösen unmittelbar Wut, Trauer oder Angst aus. Schnell werden diese Gefühle sehr vertraut und lassen ein falsches Gefühl der Sicherheit entstehen. Obwohl wir das Gefühl von Wut, Trauer oder Angst hassen, reagieren wir auf Ereignisse immer wieder mit Erklärungen, die genau diese Gefühle in uns hervorbringen. Wir verwechseln immer wieder Fakten mit unseren Interpretationen dieser Fakten. Je stärker unsere Gefühle werden, desto größer unser Hang, Situationen mit falschen Konnotationen zu befrachten. Und je intensiver wir das tun, desto stärker sinkt unsere Selbstachtung.

Die gute Nachricht lautet, dass jeder sein Verhalten ändern kann. Jeder kann lernen, den Dingen, die gesagt oder getan wurden, positive oder neutrale Bedeutungen zuzusprechen, anstatt sie mit den üblichen negativen Schlussfolgerungen zu belegen. Der erste Schritt besteht darin, die Fähigkeit zu entwickeln, *Tatsachen* von unseren *Interpretationen* dieser Tatsachen zu trennen. Diese Fähigkeit ist insbesondere nützlich, wenn wir unter Stress stehen oder verärgert sind, wenn uns die Gefühle von Wut, Traurigkeit oder Angst beschäftigen. Wie kleine Warnsignale können uns diese Gefühle anzeigen, dass wir Fakten mit ihren Interpretationen verwechseln und dadurch in diese negativen Selbstgespräche verfallen, die an unserer Selbstachtung nagen.

Lassen Sie uns diese destruktiven Selbstgespräche einmal detailliert betrachten. Stellen Sie sich eine Gestalt vor, die Ihr negatives Selbstgespräch personifiziert. Wir wollen diese Gestalt, die ständig auf Ihrer Schulter hockt, „Futzi" nennen. Es ist wichtig, dass Sie sich Futzis abschätzige Stimme als eine von Ihnen unabhängige und getrennte Entität vorstellen. Futzi kann männlich oder auch weiblich sein, und Futzi wird häufig die Rolle oder Qualität eines missbilligenden Elternteils oder eines Kritikers aus einer frühen Phase der Entwicklung übernehmen. Wichtig ist zudem, dass Sie zwischen Futzis pessimistischen Ratschlägen und der weisen Führung Ihrer Intuition und Ihres Bewusstseins unterscheiden. Futzi ist skeptisch und lässt sich von Angst leiten, Ihre Intuition hingegen steht für Weisheit und für ein tiefes Verständnis des Lebens. Ihre Intuition ist unfehlbar. Sie ist das allwissende, innere Licht, das Sie durch die raue See des Lebens führt.

Futzi dagegen mag zwar sehr zielstrebig sein, er ist jedoch nicht sehr hilfreich, wenn es darum geht, Ihre Fähigkeiten zu loben und Ihnen ein gutes Selbstgefühl zu vermitteln. Seine Aufgabe ist es entweder, Sie klein und von Risiken fernzuhalten, oder Sie auf diese Tretmühle zu führen, auf der Sie versuchen, immer noch besser zu sein und Ihr Selbstwertgefühl zu steigern. Futzi ist hervorragend darin, Ihnen unsinniges Zeug ins Ohr zu flüstern, um Ihnen ein mieses Selbstwertgefühl zu vermitteln. Üblicherweise hat das zwei Szenarien zur Folge. Im ersten vollziehen Sie den vollständigen Ausverkauf Ihrer Bedürfnisse und Träume, vermeiden neuartige Situationen und lassen Ihre eigentliche Großartigkeit zu einem mickrigen Rest schrumpfen. Im zweiten tun Sie alles, um sich als erfolgreich zu erweisen und um Futzi zu beweisen, wie unrecht er tut, Sie als unwürdig darzustellen. Vielleicht stellen Sie fest, dass Sie beide Szenarien zu unterschiedlichen Zeiten in Ihrem Leben bereits durchgespielt haben.

Schauen wir uns die erste Situation genauer an. Futzi mag es, Sie als Opfer zu sehen, denn das vereinfacht seine Aufgabe. Opfer bleiben im Leben außen vor. Keiner mag sie und attraktiv sehen sie auch nicht aus. Opfer riskieren zudem keinen Schritt jenseits des vertrauten Terrains und wagen ebenso wenig, herausragende (und gefährliche) Leistungen anzustreben. Sie leben in einer Welt voller Resignation, in einer Welt, in der sie als zu schlechte Spieler außen vor bleiben müssen.

Futzi kann Sie zu dem Irrglauben verführen, es sei sicherer, sich zu verstecken und die Dinge erst gar nicht zu versuchen, anstatt nach den Sternen zu greifen oder den ersten Platz belegen zu wollen. Futzi sorgt dafür, dass Sie glauben, auf der sichereren Seite besser aufgehoben zu sein, und dass Sie jedes Risiko und jede mögliche Niederlage vermeiden. Er ist schnell zur Stelle, wenn es darum geht, Ihnen all die vielen Gründe aufzuzeigen, weshalb Sie wenig stolz auf sich sein dürfen. Er sieht es gerne, wenn Sie ihm seine Herabsetzungen abnehmen, und sich somit nicht für gut genug halten, neue Abenteuer anzugehen und sich Erfolg und Freiheit zu erarbeiten. Solange Sie nichts versuchen, kann Ihnen nichts misslingen. Genau deshalb will Futzi vermeiden, dass Sie auf dumme Gedanken kommen. Er weiß, dass er Ihre Beziehungen durcheinander bringen und Ihre Projekte sabotieren kann, wenn Sie nur auf seine Ratschläge hören. Beides gilt ihm als gleichermaßen riskant, und wie ein überfürsorglicher Meister sieht er es lieber, wenn Sie daheim bleiben und sich unterm Bett verkriechen, statt die Meute in die Jagd zu führen. Ihm ist lieber, Sie ärgern sich über sich selber, weil Sie solch ein Loser sind, als dass Sie Ihre Fähigkeiten überschätzen und in etwas Schlimmes hineingeraten. Futzi ist zudem Herrscher über Ihre Schuldgefühle. Indem er Sie ständig daran erinnert, wo Sie es überall vermasselt haben, selbstsüchtig waren, andere verletzt haben und sich selbst eine blutige Nase geholt haben, sorgt er dafür, dass Sie sich immer wieder selber geißeln. Genau das zu tun, verschafft Ihnen andererseits Erleichterung, denn nun wissen Sie, dass Sie für Ihre Grenzüberschreitungen angemessen bestraft wurden.

Futzi erzählt Ihnen vielleicht, dass ein ruhiges Leben ja auch nicht so schlecht ist, denn schließlich vermeiden Sie so all den Stress, der grundsätzlich mit großen Dingen einhergeht. Vielleicht gefällt Ihnen auch der Gedanke, alle Extremsituationen vermeiden zu können, wenn Sie den Ball flach halten und unter Ihrem Potenzial bleiben. Aber möglicherweise bleibt Ihr Leben auf diese Weise ohne Highlights, ohne die Leidenschaft und Kraft, die Sie erfahren, wenn Sie den Ball gewagter spielen. Ein gesundes Gefühl der Selbstachtung wiederzufinden bedeutet, das großartige Wesen wieder hervorzuholen, das in Ihnen steckt. Sie eröffnen sich dadurch viele neue Möglichkeiten, ein glückliches und erfolgreiches Leben zu führen.

Futzi kann Ihr Leben aber auch fest im Griff halten, indem er sie davon überzeugt, dass Sie Ihre Wertlosigkeit überwinden können. Er flüstert Ihnen ein, dass Sie sich nur noch ein bisschen mehr anstrengen und sich um eine größere Perfektion bemühen müssten. Er überzeugt Sie, dass Sie Ihre Wertlosigkeit bezwingen oder verheimlichen können, wenn Sie bis an die Spitze der Leiter klettern, die an der Mauer der Makellosigkeit lehnt und deren oberste Sprossen in den Wolken am Himmel verschwinden. Wenn Sie erst einmal dort angekommen sind, wo Sie das Ende der Leiter vermutet haben, entdecken Sie, dass Sie immer noch nicht perfekt sind, dass Sie bei Weitem noch nicht genug geleistet haben, um Ihre Wertlosigkeit zu überwinden, und dass Sie noch viel höher hinaus müssen, um diesen Zustand der Makellosigkeit endlich zu erreichen. Natürlich, diese Leiter hat nie ein Ende. Perfektion liegt immer jenseits unserer Reichweite und immer in unsichtbarer Ferne. Und weil dies so ist, müssen Sie sich immer wieder aufreiben, denn Sie haben Ihr ganzes Leben darauf ausgerichtet, bis an dieses unerreichbare Ziel zu gelangen. Solange Futzi Sie damit quält, Sie seien nicht gut genug, so lange werden Sie noch versuchen, Ihren Wert unter Beweis zu stellen – was für Sie so viel bedeutet, wie perfekt sein zu wollen. Wenn Sie diesen machtlosen Zustand der Selbstgeißelung erst einmal erreicht haben, wird es für Sie sehr schwer, Ihr Bestes zu geben und Ihr Potenzial auszufüllen. Sie werden Ihren Frieden unter diesen Voraussetzungen nicht mehr finden.

In beiden Szenarien gelingt es Futzi, Ihre Selbstachtung zu zermürben und Sie davon zu überzeugen, dass Sie nie gut genug sein werden. Sein Ziel hat er erreicht, weil er Sie Ihrer Fähigkeit beraubt hat, zu unterscheiden, was tatsächlich geschieht und was nur Ihre Interpretation des Geschehens ist. Indem Sie lernen, zu erkennen, wann Futzi seinen Unfug verzapft, werden Sie Ihre Selbstachtung wiederfinden. Und indem Sie begreifen, dass seine fehlgeleiteten Ratschläge Ihnen weder zu mehr Leistungsfähigkeit verhelfen, noch zu Ihrem Glück, noch zu Ihrer eigentlichen Größe. Schuldgefühle stellen uns immer vor die Wahl, sie anzunehmen oder nicht. Anstatt sich für Ihre Fehler zu peinigen, können Sie Ihre wahren Fähigkeiten ans Tageslicht fördern, indem Sie lernen, so zu reagieren, dass Sie sich mit Ihren Visionen, Werten, Verpflichtungen und Ihrem Lebenssinn im Einklang befinden.

Viele der abschätzigen Botschaften, die Futzi uns einflößt, haben wir gar nicht selber geschaffen. Die geringschätzigen Sätze und die fehlinterpretierten Worte und Handlungen, die unsere Selbstachtung so belasten, haben wir uns häufig selber einprogrammiert. In vielen Fällen haben uns andere gesagt, wir seien für die besten Dinge im Leben nicht gut, nicht lebenswert oder nicht leistungsfähig genug. Aber wir haben diese herabsetzenden Illusionen, die uns andere eingepflanzt haben, akzeptiert und angenommen. Vielleicht hat Ihnen Vater oder Mutter, Großvater oder Großmutter oder irgendjemand anderes gesagt, Sie seien in irgendeiner Weise unzulänglich. Und Sie haben ihm oder ihr geglaubt. Futzi bedient sich nun der Worte dieser Person, um Sie an Ihre Unterlegenheit zu erinnern. Gleich, ob diese abfälligen Gedanken aus Ihren eigenen Fehlinterpretationen stammen oder aus den unfreundlichen Worten anderer, Sie verfügen immer noch über die Fähigkeit zu erkennen, dass diese Gedanken falsch sind und Ihnen nicht helfen, glücklich zu sein. Wann immer diese Stimmen einsetzen, haben Sie die Möglichkeit, Ihre eindrucksvolle Macht zu nutzen und Ihre Kritiker zum Verstummen zu bringen.

Futzi wird bei Ihnen sein, solange Sie leben. Sein Lebenssinn besteht darin, Sie darüber unzufrieden zu machen, wer Sie im Innersten sind und worum es in Ihrem Leben geht. Je mehr Ärger, Streit und Leiden er schaffen kann, desto unzufriedener sind Sie mit sich selber, und desto stärker wird Futzi in seiner Rolle bestätigt. Sie werden feststellen, dass Futzi in stressigen oder chaotischen Zeiten besonders lautstark agiert. Er nutzt solche Gelegenheiten, Sie daran zu erinnern, wie erbärmlich Sie sich schlagen. Das Beste, was Sie tun können, ist, seine fehlgeleitete Intention, mit denen er Sie entweder vor Schaden zu bewahren oder zu besserer Leistung anzuspornen sucht, als solche zu erkennen. Und dann packen Sie sich Ohropax in Ihr emotionales Ohr, um für seine verbale Sabotage fortan nicht mehr empfänglich zu sein. Sie werden Futzi an seiner Stimme erkennen, wenn er sich meldet und seinen Senf dazugeben will. Und Sie werden jetzt wissen, dass Sie auf ihn nicht zu hören brauchen. Denn seine unbesonnenen, misstrauischen Ratschläge schwächen Sie nur, zerstören Ihre Beziehungen zu anderen und sorgen für Ärger. Die effektivste Methode, Futzi vorübergehend zum Schweigen zu bringen, ist ihm laut und deutlich zu sagen, er solle den Mund halten und das Weite suchen. Untersagen Sie ihm ebenso entschlossen das zynische Geplapper, das er Ihnen unablässig ans Ohr kaut. In dem Maße, wie es Ihnen gelingt zwischen Futzis dominanter und abschätziger Stimme und den zurückhaltenden und weisen Ratschlägen Ihrer inneren Intuition zu unterscheiden, wird Ihre Selbstachtung Raum zu weiterem Wachstum finden.

Übung: Achten Sie im Laufe der folgenden acht Tage darauf, wann Futzi immer wieder auftaucht, um Sie negativ zu stimmen, Ihnen Fehler vorzuhalten und Sie klein zu machen. Achten Sie auf jeden negativen Gedanken, den Sie über sich haben. Unterscheiden Sie ganz deutlich und bewusst zwischen Futzis Stimme und der Stimme Ihrer vertrauenswürdigen Intuition. Beachten Sie, wie jeder zynische Gedanke aus Futzis Sicht seinen Sinn hat: Möglicherweise hilft dieser Gedanke Ihnen, an irgendeinem Punkt recht zu behalten, über andere die Oberhand zu bewahren, Sie vor möglichem Schaden zu schützen oder eine Enttäuschung zu vermeiden. Vielleicht hat dieser Gedanke Ihnen zu Erfolg verholfen, vielleicht aber bringt er auch Schimpf und Schande oder Mitleid über Sie. Vielleicht ermöglicht er Ihnen, nicht die Verantwortung für Ihre eigene Großartigkeit übernehmen zu müssen. Sie haben beim Versuch, Futzi zum Schweigen zu bringen, schon halb gewonnen, wenn Sie in der Lage sind, seine Stimme zu erkennen und begreifen, dass seine Ratschläge barer Unfug sind. Wann immer Sie Futzis irreführende Stimme vernehmen, schicken Sie ihn ganz entschlossen fort. Ersetzen Sie sein negatives Geflüster mit positiven Bestätigungen, die Ihren Selbstwert heben und die Sie als den großartigen Menschen erkennen lassen, der Sie in Wahrheit sind.

Dr. Joe Rubino hat als erfolgreicher Coach bereits vielen Menschen geholfen, ihr Leben zu verändern. Er ist ein international anerkannter Wirtschaftsberater und Redner und hat acht Bücher und zwei Hörbücher verfasst. Er ist Vorstandsvorsitzender von The Center for Personal Reinvention (www.CenterForPersonalReinvention.com), einer Organisation mit dem Ziel, die Fähigkeiten und Gestaltungskraft jedes Einzelnen zu fördern. Er selber hat sich das Ziel gesetzt, das Leben von 20 Millionen Menschen zum Besseren zu verändern und das Paradigma der Resignation aufzubrechen. Joe Rubino ist überzeugt, dass jeder Einzelne – sofern er nur daran glaubt – positive Veränderungen in seinem Leben und im Leben anderer bewirken kann. Informationen zu seinem Coaching und seinen Seminaren, einen kostenlosen Newsletter oder weitere Informationen über seine Bücher und Audio-Produkte erhalten Sie auf seiner Website oder auf Anfrage unter DrJRubino@email.com.

Drei Geheimnisse des Zeitmanagements

Das Geheimnis des effektiven Arbeitens ist das Zeitmanagement.

Das Geheimnis des Zeitmanagements ist es, alle anstehenden Aufgaben (Ihre *To-dos*) aufzulisten und nach ihrer Priorität zu ordnen.

Das Wichtigste kommt zuerst.

Doch es gibt noch ein Geheimnis, das nur die wenigsten kennen: Ihr Geist kann bereits einige Ihrer Aufgaben bearbeiten, während Sie noch mit anderen beschäftigt sind.

Mit anderen Worten: Machen Sie eine Liste mit Dingen, die Sie heute erledigen müssen. Arbeiten Sie diejenigen ab, die am wichtigsten sind. Erlauben Sie Ihrem Unterbewusstsein, während Sie dies tun, schon an anderen Aufgaben zu arbeiten.

Wenn ich beispielsweise etwas schreiben muss – einen Artikel oder das nächste Kapitel eines Buchs –, dann bitte ich mein Unterbewusstsein häufig, schon einmal daran zu arbeiten. Das mag etwas esoterisch klingen, doch es ist ein in der Psychologie anerkannter Trick. Geben Sie so viele Aufgaben wie möglich an Ihr Unterbewusstsein ab.

Doch es gibt ein noch größeres Geheimnis des Zeitmanagements:

Wenn Sie es lassen, wird Ihnen das Universum (alle Dinge dieser Welt) einiges auf Ihrer To-do-Liste abnehmen.

Wenn ich meine To-do-Liste erstelle, schreibe ich alles, was ich erledigen will, in eine Spalte auf der rechten Seite, und alles, was ich vom Universum erledigt haben will, schreibe ich in eine Spalte auf der linken Seite.

Beispielsweise werde ich die Telefongespräche übernehmen, das Schreiben meiner Artikel, das Zahlen meiner Rechnungen, die alltäglichen

Einkäufe. Aber ich bitte mitunter das Universum, den richtigen Käufer für ein Haus zu finden, oder mir für mein nächstes Projekt die richtige Kontaktadresse zu vermitteln, und so weiter.

Dies ist wahrhaft das großartigste verschollene Geheimnis: Das Universum hilft Ihnen, Dinge zu erledigen, wenn Sie es lassen.

Ein Nickerchen hilft

Wenn sich die Welt von ihrer trostlosesten Seite zeigt, wenn Sie völlig neben der Kappe sind, wenn Ihr Körper kraftlos ist und Ihr Kopf keinen klaren Gedanken mehr fassen kann, dann hilft manchmal eines am allerbesten: Ein ordentliches Nickerchen.

Ängste loslassen

CINDY CASHMAN

Angst kann manchmal regelrecht lähmend sein. Vielleicht hat die Angst Sie beispielsweise daran gehindert, jemandem, den Sie kennengelernt haben, eine Verabredung vorzuschlagen. Andere hindert die Angst daran, sich um eine Beförderung zu bewerben. Wo auch immer Ihre Angst aktiv wird: Um mit ihr umgehen zu können, ist es besonders wichtig, eine gesunde Sichtweise Ihrer Wünsche zu entwickeln. Um Ihnen zu helfen, eine klare Sichtweise zu entwickeln und zu wahren, habe ich ein System aus drei Schritten entwickelt: Frage, Antwort und Handeln.

Frage

Angenommen, Sie wollen abnehmen. Sie haben jede Diät, jede Pille und jedes fettarme Gericht ausprobiert. Dennoch sind Sie übergewichtig geblieben und zunehmend ratlos. Fragen Sie sich also: *„Was hält mich davon ab, abzunehmen?"* Hier muss ich von Ihnen erwarten können, dass Sie an diesem Punkt absolut ehrlich mit sich sind. Denn es geht jetzt für Sie darum, völliges Neuland zu betreten und eine aufrichtige Sichtweise dessen zu entwickeln, was Sie bislang blockiert.

Ich gebe Ihnen ein Beispiel dafür, wie kraftvoll eine solche Frage sein kann.

Als ich alleinerziehende Mutter war und nur sehr wenig Geld zur Verfügung hatte, fragte ich mich: „Was hält mich davon ab, zu bekommen, was ich haben möchte?" Was ich zu diesem Zeitpunkt wollte, war eine Möglichkeit, viel Geld zu verdienen. Diese eine Frage hat mein Leben anschließend von Grund auf zum Besseren geändert.

In meinem kleinen Kraftbuch *The Million Dollar Question Handbook* bespreche ich detailliert, was gute Fragen ausmacht.

Wenn Sie zum Beispiel Fragen stellen wie, „weshalb geschieht das gerade mir immer wieder?", oder „weshalb sind andere Menschen glücklicher als ich?", wird das Leben Ihnen diese Frage beantworten, indem es Ihnen mehr Mangel, mehr schlechte Trennungen und mehr Unglück beschert.

Wenn Sie aber Fragen stellen wie: „Was hält mich davon ab, meine Talente und Fähigkeiten zu benutzen, um Reichtum, Gesundheit und Zufriedenheit zu schaffen?", dann geben Sie sich eine Möglichkeit, die Schranken zu untersuchen, die Sie von einem Leben fernhalten, wie Sie es leben möchten. Fragen Sie sich auch: „Was hindert mich daran, völliges Neuland zu betreten?" Dadurch wird Ihnen deutlich, welche Hürden Sie ausbremsen. Und so werden Sie diese schließlich überwinden können.

Antwort

Nachdem Sie sich Ihre Frage gestellt haben, *beantworten* Sie diese *so ehrlich Sie können.* Suchen Sie nach den Antworten und seien Sie aufrichtig zu sich selber, denn das kann Ihr Leben ändern!

Machen Sie sich klar, dass es nur einer einzigen Ausrede bedarf, um Sie davon abzuhalten, Gewicht zu verlieren, viel Geld zu verdienen, oder jenen ganz besonderen Menschen zu finden.

Handeln

Das Handeln umfasst wiederum zwei Schritte: *Annehmen* und *Zulassen*. Sie müssen eine neue Sichtweise entwickeln und den dann erworbenen Überfluss zulassen können, um dann zum nötigen Handeln übergehen zu können. Wenn einer dieser beiden Schritte ausgelassen wird, werden Sie voraussichtlich nicht zum nötigen Handeln übergehen können.

Annehmen

Sehen Sie, ich glaube, dass tief im Inneren jeder von uns weiß, was ihn davon abhält, genau das zu bekommen, was er will. Und jetzt die gute Nachricht: Wenn Ihnen bewusst wird, was dies ist, dann können Sie beginnen, eine neue *Sichtweise* zu entwickeln! *Nehmen* Sie diese neue Sichtweise *an*. Lassen Sie Ihre alte Sichtweise gehen. Erlauben Sie sich die Freiheit, in Ihrem Leben weiterzukommen.

Zulassen

Lassen Sie nun den Überfluss zu, der Ihnen zusteht. Jawohl, lassen Sie es zu, denn an diesem Punkt sollten Sie wissen, dass allein Sie es sind, der Sie daran hindert, alles zu erreichen, was Sie erreichen wollen.

Die Angst überwinden – ein persönlicher Erfahrungsbericht. Eines Tages hatte ich es, endlich! Ich war davon erschöpft, jeden Tag von der Hand in den Mund leben zu müssen und mich nur gerade so über Wasser halten zu können. Ich war fest entschlossen, einen Weg zu finden, auf dem ich meine finanziellen Sorgen endlich in den Griff bekommen würde.

Der Moment, in dem ich entschied, dass ich genug davon hatte, immer wieder ohne Geld dastehen zu müssen, war ein großer Wendepunkt in meinem Leben.

Also setzte ich mich hin und versprach mir, ich würde so lange suchen – egal wie lange es dauerte –, bis ich die Antworten auf meine Frage gefunden hatte: „Was hält mich davon ab, viel Geld zu verdienen?" Ich nahm ein Stück Papier und unterteilte es in zwei Spalten.

Über die erste Spalte schrieb ich: „Was hält mich davon ab, reich zu werden?" Über die zweite Spalte schrieb ich: „Was muss ich tun, um diese Ängste zu überwinden?"

FRAGE: *Was hält mich davon ab, reich zu werden?*
FRAGE: *Was muss ich tun, um diese Ängste zu überwinden?*

Sofort kam mir die Antwort. Ohne Zögern wurde mein Wesen von reiner Wissenskraft erfüllt. Ich *wusste* genau, was mich hinderte. Es ist wichtig zu verstehen, dass wann immer Sie eine Frage stellen, sich Ihr Geist auf die Suche nach der Antwort macht. Es ist wie bei einer Suchanfrage im Internet.

Wenn Sie bestimmte Suchwörter oder Sätze in eine Suchmaschine eingeben, erhalten Sie eine Liste von Treffern, die zu Ihrer Anfrage passen. Ihr Geist arbeitet auf dieselbe Art und Weise. Daher müssen Sie sehr vorsichtig sein, was für Fragen Sie stellen. Stellen Sie eine gute Frage und Sie *werden* eine gute Antwort bekommen.

Die Antwort, die ich erhielt, war, dass ein bestimmter Freund von mir (nennen wir ihn Bob) mich davon abhielt, finanziellen Wohlstand aufzubauen. Über einen sehr langen Zeitraum hinweg rief er immer wieder bei mir an und fragte, ob er eine Zeit lang bei mir wohnen und ich ihm Geld borgen könne.

Als alleinerziehende Mutter ohne viel Geld, das ich ihm leihen konnte, wollte ich mich zwar nicht für *seine* Probleme verantwortlich fühlen, aber anderseits wollte ich auch die Schuldgefühle vermeiden, ihm keine gute Freundin zu sein, wenn ich ihm in seiner Lage nicht geholfen hätte.

Während dieser Zeit beschäftigte mich auch die Frage, was wohl wäre, wenn ich wirklich reich wäre. Würde ich ihm erlauben, bei mir zu leben? Würde ich ihn immer wieder finanziell unterstützen müssen? Schließlich wurde mir klar, weshalb ich mich selber ständig sabotierte: *Ich wollte mich nicht verpflichtet fühlen, etwas zu tun, das ich nicht tun wollte.*

Mir wurde bewusst, dass ich anfangen musste, ehrlich mit mir zu sein. Dies war ein enormer Wendepunkt für mich, denn ich hatte mir nicht klar gemacht, wie sehr ich mich verleugnete. Ich redete mir ein, dass die Auswirkungen seines Handelns auf mich nicht so gravierend seien. Diese Art der Ausreden können den Fluss der Antworten und Informationen behindern, die Sie brauchen, um Barrieren und Hindernisse aus dem Weg zu räumen.

In der Spalte auf der linken Seite habe ich also eingetragen: „Bob“. Was die rechte Spalte anbelangt, so war offensichtlich, dass ich lernen musste, Nein zu sagen – was ich tat. Ich war zudem in der Lage zu erkennen, dass Bob für seine *eigenen* Probleme verantwortlich war.

Als ich also die Nase von meinen finanziellen Sorgen gestrichen voll hatte, als ich bessere Fragen stellen konnte, als ich mich entschied, die Selbstverleugnung loszulassen, erreichte ich schließlich die innere Freiheit, meine Ängste zu durchbrechen und große Erfolge feiern zu können.

Und so sieht es dann aus:

Frage, Antwort, Annehmen und Zulassen

FRAGE: *Was hält mich davon ab, viel Geld zu verdienen?*

ANTWORT: *Bob*

FRAGE: *Was kann ich tun, um es zu überwinden?*

ANTWORT: *Sag ihm: „nein".*
ANNEHMEN: *Ich bin nicht für seine Probleme verantwortlich.*
ZULASSEN: *Mich selber fortzuentwickeln und erfolgreich zu sein.*

Ihnen wird bewusst werden, dass Sie selber der Quell all Ihrer Vorbedingungen und Erfahrungen im Leben sind. Ich hatte gedacht, es wäre Bob gewesen, der mich daran hinderte, wohlhabend zu werden. Aber was ich nun begriff, war, dass ich lernen musste, potenzielle Probleme schon im Vorneherein anzugehen und niemandem zu erlauben, eine derart große Macht auf mich auszuüben. Dies war ein sehr wirkungsvoller Prozess, der mir half, mich zu befreien.

Jetzt sind Sie dran. Nehmen Sie ein Blatt Papier und beginnen Sie diesen Prozess der Veränderung und der Schaffung einer neuen Wahrnehmung. Hier sind ein paar Fragen, die Ihnen den Start erleichtern sollen:

Was hindert mich daran:
- abzunehmen?
- finanziellen Wohlstand aufzubauen?
- eine großartige Beziehung zu führen?
- mein eigenes Unternehmen zu gründen?

- meine berufliche Situation so zu gestalten, wie ich mir es vorstelle?
- mit meinen Träumen voranzukommen?
- an mich selber zu glauben?

Fragen Sie sich als Nächstes: „Was muss ich tun, um diese Ängste zu überwinden?“

Lassen Sie die Antwort kommen, nehmen Sie eine neue Perspektive ein und erlauben Sie sich, Ziele zu verwirklichen und Erfolg zu genießen.

Dieser Abschnitt stammt von Cindy Cashman und Teil Ihres Programms, das unter www.creatingandbuildingwealth.com abgerufen werden kann.

Wie Sie verborgene Hindernisse überwinden, die Sie von Ihren eigentlichen Zielen fernhalten

CRAIG PERRINE

Was wünschen Sie sich für Ihr Leben? Was hat Ihnen bislang gefehlt? Mehr Liebe? Mehr Geld? Erfolg und Bewunderung? Eine bessere Gesundheit?

Ich habe eine einfache Übung, um verborgene Hindernisse, die Sie bislang zurückgehalten haben, aufzudecken.

Sind Sie bereit? Nehmen Sie sich ein Blatt Papier und einen Moment Zeit und schreiben Sie das auf, was Sie sich wirklich wünschen.

Schreiben Sie anschließend alles auf, was Ihnen im Weg steht. Die Dinge, die bislang verhindert haben, dass Sie bekommen, was Sie sich wünschen. Schreiben Sie alles auf, was Ihnen in den Sinn kommt. Es ist sehr wichtig, dass Sie sehr klar erkennen, was Ihnen auf dem Weg zu Ihren Wünschen im Wege steht. Nehmen Sie sich daher wenigstens einige Minuten Zeit, diese Punkte zu Papier zu bringen, bevor Sie weiterlesen.

Fertig? Gut. Was also steht auf Ihrer Liste? Ihr Job ist miserabel? Sie leben im falschen Stadtteil oder kennen nicht die richtigen Leute? Ihnen fehlt das nötige Kapital, um das Unternehmen zu gründen, von dem Sie träumen? Ihnen fehlt die Zeit, Neues zu lernen oder neue Projekte anzugehen? All diese Sorgen haben mich in meinem Leben irgendwann einmal geplagt, und noch einige mehr …

Vielleicht stehen Sie vor denselben Hindernissen. Ja, im Grunde darf man wohl davon ausgehen, dass irgendwann jeder einmal an einem dieser Punkte steht und nicht weiterkommt.

Schließen Sie jetzt diese Übung ab, indem Sie schreiben: „Nichts von alledem hält mich wirklich davon ab, mir meine Wünsche zu erfüllen."

Schauen Sie, nach jahrelangen Studien bei einigen sehr klugen Mentoren und nach der Lektüre unzähliger Bücher habe ich schließlich ein Geheimnis verstanden, das mir half, all diese Probleme und noch viele weitere mehr, zu überwinden.

Denn wenn Sie es sich genau überlegen, werden Sie feststellen, dass Sie bei allem, was Ihnen wirklich am Herzen lag, Hindernisse zu überwinden hatten. Sie können sich also vorstellen, welches Potenzial Sie in Händen halten, wenn Sie dieses Geheimnis entdecken und endlich in der Lage sind, jedes Hindernis zu überwinden, das Sie von Ihren Wünschen fernhält.

Hier also ist dieses Geheimnis, das ich bei meinen weisen Mentoren gelernt habe (und ich gestehe, dass es Jahre gedauert hat, bis ich es akzeptieren konnte.)

Das Einzige, das Sie davon abhält, Ihre Wünsche zu verwirklichen, sind Sie selber.

All die Dinge, die Sie niedergeschrieben haben, all die Punkte, die Ihnen im Wege stehen, sind nichts weiter als Symptome Ihres eigentlichen Hindernisses … nämlich Ihr Glaube daran, dass diese Dinge die Kraft hätten, Sie zu blockieren und zurückzuhalten.

Was Sie glauben, hängt unmittelbar damit zusammen, was Sie von Ihrem ersten Tag auf dieser Welt unbedacht von den Menschen um Sie herum übernommen und was Sie aus den Ereignissen, die Ihnen widerfahren sind, abgeleitet haben. Doch die traurige Wahrheit ist, dass Sie das Allermeiste dessen, was in Ihren Kopf gepumpt wurde, nicht zu einem glücklichen Leben führen wird. Ganz im Gegenteil werden Sie hier wahrscheinlich 99 Prozent der Gründe dafür finden, dass sich Ihre Wünsche bis heute nicht erfüllt haben.

Sie werden feststellen, dass Ihr wahres Selbst unter mehreren Schichten von Überzeugungen verborgen und vergraben liegt, die Sie übernommen haben, ohne sie jemals wirklich in Frage zu stellen. Ihr wahres Selbst ist ein sehr kraftvolles Wesen. Es kann anziehen, was immer Sie sich wünschen, und zwar häufig sogar sehr schnell und mühelos, ohne all die Anstrengungen, die vielleicht für Sie bislang wie selbstverständlich zur Verwirklichung Ihrer Ziele dazugehörten.

Wenn wir erwachsen werden, wird von uns erwartet, dass wir unsere Kindheit hinter uns lassen und uns von unseren Fantasien und unserem Glauben an die magischen Kräfte in der Welt verabschieden. Wir beten die Wissenschaft an, wir glauben an die Fakten und akzeptieren bereitwillig, dass das, was wir sehen, die Realität dieser Welt sei. Denn alle anderen machen es genauso.

Doch es gibt echte Magie im Leben, und es gibt Bücher – wie der vielbeachtete Titel von Dr. Joe Vitale, *The Attractor Factor,* – die Ihnen zeigen, wie Sie diese Kraft anzapfen und Ihre Wünsche im Leben verwirklichen können.

Als ich zum ersten Mal hörte, ich sei für alles in meinem Leben verantwortlich, akzeptierte ich diesen Gedanken und begann, mir für jeden Misserfolg und jeden Rückschlag Vorwürfe zu machen. Schwieriger fand ich es, auch die beeindruckenden Ergebnisse, die ich erzielen konnte, mir selber zuzuschreiben und die Vorstellung anzunehmen, dass ich auf allen möglichen Ebenen das erreichen konnte, was ich mir zum Ziel gesetzt hatte.

Doch im Laufe der Jahre begriff ich, dass es beim Gedanken, für alles im Leben selber verantwortlich zu sein, weder darum geht, die Schuld grundsätzlich bei sich selber zu suchen, noch darum, jeden Erfolg an die große Glocke zu hängen. Es geht schlicht und einfach darum, um die Verbindung zu wissen, zwischen dem, was man tut oder nicht tut, und den Ergebnissen, die man erhält.

Sie werden zunächst wahrscheinlich noch zögern, dieses Schutzschild abzunehmen, das wir aufbauen, wenn wir anderen oder den Dingen außerhalb unseres Einflussvermögens die Schuld für unsere Erfahrungen geben. Doch die ganze Verantwortung zu übernehmen ist unbestreitbar der schnellste und effektivste Weg, das zu ändern, was Sie nicht mögen, und das in Ihr Leben zu holen, was Sie sich wünschen.

Denn wie würden Sie etwas wiedergutmachen machen wollen, für das Sie gar nicht die Verantwortung übernehmen? Als der Schöpfer Ihrer Realität aber können Sie die Verantwortung übernehmen und Sie können Ihre Energie auf die Dinge konzentrieren, die Sie weiterbringen und Sie können lernen, das zu vermeiden, was Sie nicht weiterbringt.

Stellen Sie sich vor, wie schwierig es wäre, das Fahrradfahren zu lernen, wenn Sie für jeden Sturz den Fahrbahnbelag, das Fahrrad oder ein Hindernis auf Ihrem Weg verantwortlich machten. Stattdessen aber lernen Sie das Fahrradfahren, indem Sie Ihre Balance üben, das Lenken lernen und ein Gefühl für die Bremsen entwickeln.

Und wie Sie wissen, wird, wer einmal das Fahrradfahren gelernt hat, diese Fähigkeit nie wieder verlernen. Genauso läuft es auch, wenn Sie beginnen, die Verantwortung für Ihr Leben zu übernehmen und Hindernisse zu überwinden. Sobald Sie erst einmal verstanden haben, dass Sie tatsächlich Ihre eigene Wirklichkeit erschaffen, werden Sie mit Erstaunen feststellen, dass Sie den Weg zu Ihren Wünschen selber vorzeichnen können. Es wird Ihnen vorkommen wie höhere Magie.

Der Kinofilm *Die Matrix* ist eine wundervolle Metapher für dieses Prinzip. In einer Szene entdeckt der Protagonist Neo, dass er Dinge tun kann – und tatsächlich tut –, die zu tun er und alle anderen bislang für unmöglich gehalten haben. Denjenigen, die den Film noch nicht gesehen haben, will ich ihn nicht verderben. Wenn Sie ihn kennen, wissen Sie, welchen Moment ich meine.

Wann immer ich mich von den Dingen überrannt fühle und Gefahr laufe, alles zu vergessen, was ich über die Schaffung meiner eigenen Realität weiß, rufe ich mir diese Szene in Erinnerung, in der Neo seine grenzenlose Macht entdeckt.

Ich schreibe dies, weil wir im Leben allzu oft Erfolgsrezepte zu hören bekommen wie: „Sie sind, was Sie zu sein glauben". Oder: „Wenn Sie sagen, Sie können, dann können Sie, und wenn Sie sagen, Sie können nicht, dann können Sie nicht." Diese Sätze sind wie Schlagworte. Für die umfassende Bedeutung, die diese Prinzipien für uns haben können, machen sie uns eher unempfindlich.

Wir machen es uns allzu einfach, wenn wir uns durch Alltagsweisheiten den Kopf mit populärem und tröstlichem aber sinnlosem Zeug voll stopfen, und dabei die wertvollere und weit stärkere Wahrheit übersehen, die besagt, dass wir allein durch unsere selbstauferlegten Grenzen beschränkt sind – wir tragen die Verantwortung dafür, dass wir das glauben, was uns zu unseren Wünschen führt. Kinofilme wie *What The Bleep Do We Know!?* werden Ihnen die Augen öffnen. Sie machen deutlich, wie sehr Sie im Leben tatsächlich das Steuer in der Hand halten.

Es ist also genau wie beim Lernen des Fahrradfahrens. Auch das Fahrradfahren ist am Anfang irritierend und mitunter schmerzhaft. Wenn Sie jedoch erst einmal erkannt haben, dass Sie derjenige sind, der am Steuer sitzt, werden Sie in der Lage sein, sich im Leben in die Richtung treiben zu lassen, die Sie sich wünschen und sämtlichen Hindernissen auf Ihrer Reise auszuweichen.

Craig Perrine ist Experte und Mentor im Bereich Online-Marketing. Weiterführende Informationen unter: www.easymiracles.com.

Wen Sie sehen, ist, wer Sie sein werden ...

KEVIN HOGAN

Wenn es sieben Dinge gäbe, die ich meinen Kindern riete, um ein wahrhaft erfolgreiches und erfülltes Leben zu führen, dann wäre ein Rat, dass sie sich die Menschen, mit denen sie ihre Zeit verbringen, sehr sorgfältig auswählen.

Wissenschaftliche Untersuchungen haben deutlich gezeigt, welchen Einfluss Elternhaus und Erbgut auf unser Verhalten haben. Doch der großen Bedeutung unseres Umfeldes können diese Einflüsse nicht das Wasser reichen.

Lassen Sie mich dies ganz unmissverständlich darstellen: Wenn Sie mit Verlierern rumhängen, dann driften Sie in Richtung Verliererseite. Wenn Sie sich mit Gewinnern rumtreiben, dann driften Sie in Richtung Gewinnerseite. Der Grund dafür ist einfach: Wir alle tun Dinge, um mit den Menschen in unserem Umfeld zu kooperieren oder aber zu konkurrieren. Dies trifft sowohl auf die Ebene unserer Kultur oder Gesellschaft zu, als auch auf die Ebene unserer Peer-Group oder Nachbarn.

Zu definieren, was ein Gewinner und was ein Verlierer ist, kann schwierig sein. Nicht jeder, an dem Ihnen etwas liegt, wird so erfolgsorientiert sein wie Sie. Das Erreichen von Zielen steht für ein Verhalten, es ist das Ergebnis von etwas. Sie erreichen Ziele, wenn Sie bestimmte Dinge tun, die andere erfolgreiche Menschen ebenfalls tun.

Aus meiner Sicht müssen Gewinner nicht unbedingt wohlhabend sein, aber selbstverständlich können sie das sein. Wohlstand zeugt von Selbstdisziplin.

Eine weitere Eigenschaft, die Gewinner auszeichnet, ist Freundlichkeit. Was das angeht, bin ich ziemlich kompromisslos. Ich verbringe meine Zeit möglichst nicht mit unfreundlichen Menschen. Unfreundlichkeit ist wie eine Seuche. Freundlichkeit ist sowohl auf kurze als auch auf lange Sicht viel wert; und es ist der einzig akzeptable Umgangston. Menschen, die ihre Pläne in die Tat umsetzen, sind ein absolutes Muss in meiner Umwelt. Jemand, der immer wieder neue Projekte anstößt, interessiert mich nicht. Mich interessiert jemand, der immer wieder neue Projekte abschließt. Auch dieses Verhalten ist ansteckend. Menschen, die bei der Stange bleiben und ihre Arbeit zu Ende bringen, beweisen einen Grad der Selbstdisziplin, den die meisten Menschen nicht aufbringen. Bei dieser Eigenschaft bin ich zu Kompromissen bereit, aber wie viel Zeit kann ich in Menschen investieren, die ihre Projekte nicht zum Abschluss bringen? Nicht viel.

Da es keine perfekten Menschen gibt (und diejenigen, die perfekt erscheinen, haben jede Menge Leichen im Keller, das verspreche ich Ihnen), sollten Sie nach Menschen Ausschau halten, die zumindest den Versuch unternehmen. Hören Sie *nicht* auf Menschen, die von Erfolg reden. Von Erfolg lässt sich leicht reden, aber nicht einmal das gesamte positive Denken unseres Planeten kann allein für Resultate sorgen; aber wenn das positive Denken keine Ergebnisse bringt, dann haben Sie ein großes Problem. Die Nähe eines optimistischen Stimmungsmachers bringt Ihnen keinen größeren Nutzen als die Nähe eines pessimistischen Stimmungsmachers. Der Pessimist ist immerhin imstande, das Problem ausfindig zu machen, das es zu lösen gilt.

Wenn jedoch der Optimist auch Lebensläufe verändern kann, wenn er seine Träume wahrmacht, *dann* haben Sie jemanden gefunden, den Sie in Ihr Experten- oder Helfer-Team berufen können.

Wen sollten Sie noch in Ihrer Nähe haben? Sorgen Sie dafür, dass Sie einen echten Psychopathen in Ihrem näheren Bekanntenkreis haben. Jemanden, der Probleme schon aus großer Entfernung riecht, der schon Lösungen parat hat, noch bevor sich das Problem überhaupt manifestiert, und der, wenn es so weit ist, seine Lösungen in die Tat umsetzen kann, um dann die nächsten Schritte zu machen. Dieser Mensch ist einer der wertvollsten in Ihrem Team. Und diese Fähigkeit zu entwickeln kann auch Ihnen helfen, sehr weit zu kommen.

Und schließlich brauchen Sie noch jemanden, der nicht um den heißen Brei herumredet. Das Leben ist keine Lotterie, die es zu gewinnen gilt. Gott ist kein Glücksspielautomat. Fast alles, was Sie letztendlich im Leben erreichen werden, entsteht, weil Sie es veranlasst haben.

Sicher, vielleicht erhalten Sie ein großes Erbe. (Was mir übrigens noch nie passiert ist.) Vielleicht haben Sie auch das Glück, in einer Familie mit mittlerem oder höherem Einkommen aufzuwachsen. (Ich wuchs in einer Familie der untersten Einkommensschicht auf.) Vielleicht erhalten Sie einen gutdotierten Posten in einem großen Unternehmen, weil Ihre Mutter oder Ihr Vater die richtigen Leute kennt. Doch auf lange Sicht wird Sie nur Ihr Vermächtnis, Ihre Arbeit, Ihre Leidenschaft weiterbringen.

Sie können weder die einstürzenden Türme des World Trade Center mit einem Gebet aufhalten, noch können Sie Sterbende wieder gesundbeten. Doch Sie können dafür sorgen, dass sich in Ihrem und im Leben Ihrer Mitmenschen immer wieder wunderbare Dinge ereignen. Sie erschaffen Ihre Realität nicht im Alleingang, doch allem, was vor Ihnen liegt, geben Sie seine Form. Sie erschaffen Ihre Kinder (wenngleich sie die meisten ihrer guten oder schlechten Züge von den Nachbarskindern übernommen haben). Die meisten Menschen haben sich Bankkonten geschaffen, und diejenigen, die im Leben schlechte Erfahrungen gemacht haben, sind vielleicht gerade dabei, sich ein neues Bankkonto zu schaffen.

„Alles, was ist, war zunächst ein Gedanke." Das hat Buddha einst gesagt, wenn auch nicht zu mir. Ich verwende diesen Satz als ein Gesetz oder eine Wahrheit im Leben. Wenn ich etwas denke, dann lasse ich es entstehen – wie Edison oder Ford. Genauso erschaffe ich auch den Glauben an meine Fähigkeit, Dinge regelmäßig entstehen zu lassen: Indem ich sicherstelle, dass meine Gedanken so häufig zur Realität werden wie notwendig.

Verbringen Sie Ihre Zeit nicht mit Träumern. Verbringen Sie Ihre Zeit mit Machern. Glauben Sie an Gott? Nehmen wir mal an, Sie würden an Gott glauben. Am Anfang träumte Gott davon, den Himmel zu erschaffen und die Erde zu erschaffen. Doch Gott war so beschäftigt, dass er nie die Zeit fand, sich darum zu kümmern ... Wollen Sie Ihre Zeit bei diesem Kerl verbringen, oder doch lieber dem hier: Am Anfang schuf Gott den Himmel und die Erde ... Und er sah, es ward gut.

Ich mag den Kerl hier. Womit nicht gesagt sein soll, Gott sei bei uns. Wie Sie es damit halten, müssen Sie für sich selbst entscheiden. Ich weiß aber, dass Sie in der Gegenwart von Menschen sein wollen, die *machen*. Wer *macht*, der *hat*. Die Macher sind der Ursprung, und sie sind die Menschen, die Ihnen helfen werden, zu Ihrer Bestimmung zu finden. Wählen Sie klug. Diese Wahl hat eine unendlich große Bedeutung für Ihr Leben.

Kevin Hogan hat mehrere vielbeachtete Bücher geschrieben, darunter „The Psychology of Persuasion".

Turn! Turn! Turn!

ALAN R. BECHTOLD

Ich wuchs in den 60ern auf und ich liebte diesen wunderbaren Song von Peter Seeger: „Turn! Turn! Turn! To Everything There Is A Season“ (Für alles kommt eine Zeit), in der Version von The Byrds. Und doch muss ich mich immer wieder wundern, wie viele Jahre es dauerte, bis sich mir die wahre Bedeutung dieser Strophen erschloss. Dieser Song enthält eine solch wichtige Botschaft; ich hätte mir gewünscht, sie früher erkannt zu haben. Leider bedurfte es der vielen Jahre, bis die Bedeutung dieser Strophen wirklich glasklar hervortreten konnte.

Bis ich diese Strophen wirklich ganz begriffen hatte, war ich das Opfer meines Lebens, ein Gejagter äußerlicher Umstände und verdammt dazu, dem Pfad zu folgen, der vor mir lag, ganz gleich wie verschlungen oder übersät mit scharfkantigen Steinen er auch sein mochte.

Wenn etwas Unerfreuliches geschah – wenn mein Auto liegen blieb, wenn ich meinen Job verlor, oder einfach nur eine Party misslang, zu der ich geladen hatte, – hatte ich regelmäßig das Gefühl, das Leben habe es auf mich abgesehen. Und nie hatte ich den Eindruck, wirklich etwas tun zu können, um den Weg, auf dem ich unterwegs war, zu ändern.

Jetzt, da ich die Bedeutung von Seegers Botschaft voll und ganz verstanden habe, bin ich befreit. Ich genieße alles, was mir widerfährt – die guten wie die schlechten Dinge. Aus sämtlichen Erfahrungen des Lebens sammle ich ununterbrochen Erfahrung, Wissen und Weisheit.

Hier ist die – gar nicht so subtil in Seegers wunderbare und brillante Strophen eingeflochtene – Botschaft. Eine Botschaft, die für viele schwer zu fassen ist, bis sie sich ausreichend viele Jahre durchs Leben geschlagen haben, um dann endlich ihre wahre Bedeutung erkennen zu können: Alles geschieht aus einem Grund.

Es gibt einen Plan, der weiter ist, als jeder von uns sehen kann. Und alles, was das Leben für uns vorgesehen hat, passt in diesen Plan, ist ein wichtiger Teil im Gesamtbild, das für immer jenseits unserer Reichweite sein wird. Nichts geschieht zufällig. Alles, was geschieht, steht auf irgendeine Weise mit dem großen Gesamtplan in Zusammenhang.

Dies zu wissen, dies zu erkennen, verleiht allen Erfahrungen des Lebens – den tragischen wie den verzückenden – eine völlig neue Bedeutung. Es verändert auch die Art und Weise, wie Sie auf die Probleme im Leben zugehen.

Jetzt, da ich die wahre Bedeutung dieser Strophen kenne, und ihre darunter liegende Botschaft verstehe, beginne ich freudig jeden neuen Tag und fühle mich ganz und gar bereit für *jede* neue Herausforderung, die kleinen wie die großen. Denn im Innersten meines Herzens weiß ich, dass selbst der gigantischste Rückschlag Teil eines Plots, eines Drehbuchs ist, das uns unweigerlich neue Erfahrungen ermöglicht, größere Weisheit bringt und einen Schritt im Leben weiterführt.

Und somit sind auch die tragischsten Ereignisse im Leben lediglich Stufen auf dem Weg zu Größerem. Sie sind Prüfungen, die Sie nicht nur überstehen, sondern auch zu Ihrem Nutzen wenden müssen, wenn Sie wachsen und Ihren Platz in dem unsichtbaren Plan finden wollen, den es in unser aller Leben gibt.

Sie können diesen Plan nicht bekämpfen. Aber Sie können sich darin einpassen, indem Sie aus Ihren Fehlern lernen und aus allem, was Ihnen wiederfährt, Gutes wie Schlechtes, Ihre Lektionen ziehen.

Und glauben Sie mir, es gibt eine *Fülle* an Lektionen, die das Leben für uns bereithält!

Es ist also nicht alles bloß belangloser Zufall. Jede Erfahrung hält irgendwie, auf irgendeine Weise den Schlüssel bereit, der Sie verstehen lässt, wo sich Ihr Platz im großen Plan befindet und wie Sie sich besser in diesen Plan einfügen können, um Ihr Leben zum Besseren zu wenden.

Sie sind dem Leben *nicht* auf Gedeih und Verderb ausgeliefert. Ihr Schicksal hängt allein an Ihrer eigenen Bereitschaft, das Leben zu akzeptieren – *alles* im Leben zu akzeptieren – und jede Lektion zu lernen, die das Leben Ihnen bietet.

Sie kennen diese Weisheit, laut der es ohne das Schlechte nichts Gutes geben könne. Ohne schlechte Erfahrungen wüssten Sie die guten Erfahrungen im Leben nicht zu schätzen.

Und dies ist der allerwichtigste Punkt: Wie Sie mit den schlechten Erfahrungen umgehen – die Art und Weise, wie Sie diese angehen und was Sie aus ihnen lernen – verbessert und steigert die Anzahl und die Dauer der guten Dinge, die Ihnen widerfahren.

Ich behaupte nicht, den großen Gesamtplan zu verstehen. Das kann niemand. Er liegt jenseits unserer aller Auffassungsgabe, und so soll es auch sein. Dennoch können wir sehr wohl die kleinen Stücke des großen Puzzles verstehen lernen, die uns zugeteilt wurden, und uns bemühen, sie in das Gesamtbild einzufügen. Denn dann werden wir Teil des großen Plans und dürfen an den unerschöpflichen Gaben und Schätzen teilhaben, die jedem bereitstehen, der seinen Teil dazu beiträgt, die Teile des großen Puzzles zusammenzufügen.

Zu einem Opfer des Lebens machen Sie sich, wenn Sie sich dem großen Plan widersetzen, wenn Sie aus den Lektionen und Freunden des Lebens nichts lernen wollen. *Mit* dem Plan zu fließen, auch aus den schwersten Prüfungen des Lebens noch die Lektionen zu lernen und daran zu wachsen, macht Sie zu einem Teil des Ganzen, macht Sie zu einem Mitglied der Gemeinde und sorgt dafür, dass Ihr Leben für Sie auf eine Art und Weise arbeitet, die Sie niemals für möglich gehalten hätten.

Als ich 1984 mit dem Online-Publizieren begann, gab es diese elektronischen Anschlagbretter *(computer bulletin boards)*. Ich war der festen Überzeugung, dass ihnen die Zukunft gehören würde, und gründete daher mein ganzes Geschäftsmodell auf dieser Überzeugung. Doch wie sich im Nachhinein zeigte, sollte ich nur teilweise recht behalten. Der Online-Kommunikation würde *tatsächlich* die Zukunft gehören. Doch dass die Computer Bulletin Boards *nicht* die Plattform der Zukunft sein würden, das hatte ich viel zu spät erkannt. Die Computer Bulletin Boards waren einfach nur ein Sprungbrett in die nächste Phase der Entwicklung, sowohl für die Branche als auch für mich.

Ich war nicht in der Lage, dies zu erkennen, und widersetzte mich den Veränderungen durch das World Wide Web, bis ich mein Geschäft schließlich nahezu ruiniert hatte. Als sich 1996 mit meiner Firma rasant abwärts ging und sich meine Privatschulden mittlerweile auf über 40.000 Dollar beliefen, konnte ich schließlich das Licht am Ende des Tunnels erkennen und meine Lektion lernen.

Erst jetzt entschloss ich mich, mit dem Fluss zu schwimmen, statt dagegen anzukämpfen. Ich hörte auf, mich den Veränderungen zu widersetzen, und fand einen Weg, mein Unternehmen den neuen Gegebenheiten anzupassen.

Das Ergebnis war: Ich legte eine völlig neue Gangart ein, stieg um auf das World Wide Web und brachte in diese neue Phase der Online-Kommunikation all mein Wissen über das Online-Marketing und das elektronische Publizieren ein. Die Ergebnisse ließen nicht lange auf sich warten: In den kommenden fünf Jahren erzielte ich einen Umsatz von über zwölf Millionen Dollar.

All das hätte ich nicht realisieren können, hätte ich nicht meine ersten Erfahrungen mit dieser frühen Version der elektronischen Anschlagbretter gemacht, bei der sich der Nutzer noch eigens einwählen musste. Es waren diese ersten Erfahrungen, die mich zu meinem Geschäftspartner führten. Und erst nachdem ich endlich meine neue Gangart gefunden hatte und mit dem World Wide Web arbeitete, konnte ich mit seiner Unterstützung Umsätze in bislang nicht gekannter Höhe erzielen. Hätte es meinen frühen Misserfolg nicht gegeben, hätte ich meinen Geschäftspartner wohl nie kennengelernt. Letztendlich bescherte mir mein Misserfolg also einen unglaublichen Erfolg!

Wenn Sie begreifen, was ich viel zu spät begriffen habe, werden Sie von Anfang an die Nase im Leben vorne haben. Fürchten Sie niemals einen Misserfolg, denn selbst der Misserfolg enthält die Saat für Ihren nächsten Erfolg. Halten Sie sich nicht aus Furcht vor einem Fehler zurück. Selbst große Fehler, wenn wir sie genau untersuchen und ihre Lektionen lernen und umsetzen, können im späteren Leben Brücken zu neuen Erfolgen schlagen.

Aber auch Ihre Erfolge müssen Sie ergründen. Nehmen Sie keinen Erfolg als selbstverständlich. Ich war mit meinen Computer Bulletin Boards ganz zu Beginn sehr erfolgreich.

Manchmal ist ein früher Erfolg nur die Voraussetzung für einen Misserfolg, aus dem es zu lernen gilt, um später dann zu den echten Erfolgen zu finden. Jeder Erfolg enthält Hinweise, mit denen Sie unter neuen Bedingungen ähnliche Erfolge feiern und vergrößern können. Und ebenso gibt es immer Anhaltspunkte, die Ihnen die Misserfolge zu überwinden helfen, die sich früher oder später unausweichlich wieder einstellen werden.

Lernen Sie diese Zusammenhänge heute. Erkennen Sie das Leben als das, was es ist. Begreifen Sie, dass Sie nur Ihren winzigen Teil im Gesamtpuzzle des Lebens steuern können. Begreifen Sie, dass Sie Ihren winzigen Teil zum Nutzen aller in den Gesamtplan einfügen.

Dann werden Sie in allem, was Ihnen das Leben zu bieten hat, Frieden und Erfüllung finden.

Alan Bechtold betreibt den BBS Press Service.
Informationen unter: www.sysop.com.

Letztlich gibt es auf JEDE Frage nur zwei mögliche Antworten.
Eine positive und eine negative. Sie entscheiden,
welche von beiden Sie auswählen.

– Nerissa Oden, www.TheVideoQueen.com

Was ich gerne gelernt hätte, als ich jünger war

BOB SCHEINFELD

Als ich zwölf Jahre alt war, brachte mir mein Großvater das Wissen um die sichtbaren und die unsichtbaren Kräfte näher, die unsere täglichen Geschicke leiten. Und er ließ mich erkennen, dass sich die eigentliche Macht hinter den unsichtbaren Kräften verbirgt.

Diese revolutionäre Einsicht, die ich meinem Großvater verdanke, hat mich in meiner Suche nach Wissen und Inspiration zu den unterschiedlichsten Themen geführt: Ich habe mich ebenso mit den traditionellen Wissenschaften wie mit esoterischen Lehren beschäftigt, der Metaphysik, dem Gedankengut des New Age, der Quantenphysik und anderen Dingen mehr.

Bei meinen Studien und meiner Arbeit tauchten drei Kernfragen auf, die, wie ich fand, unbedingt einer Antwort bedurften:

1. Wer bin ich?
2. Weshalb bin ich hier?
3. Was ist der Sinn meiner Existenz?

Ich hatte keinerlei Problem, Frage Nummer 1 zu beantworten. Für meine Begriffe sind wir allesamt unfassbare Wesen, deren natürlicher Seinszustand unendliche Macht, Weisheit und Fülle beinhaltet. Mit anderen Worten, im Innersten trägt jeder von uns einen göttlichen Funken.

Ich hatte ebenso wenig ein Problem, Frage Nummer 2 zu beantworten. Aus meiner Sicht werden wir alle als Mensch geboren, um zu spielen und Abenteuer zu bestehen, so wie man ins Kino oder in einen Freizeitpark geht.

Ich hatte auch kein Problem, Frage Nummer 3 zu beantworten. Für mich besteht der Sinn unserer Existenz schlicht und einfach darin, auf Entdeckungsreise zu gehen und diejenigen Erfahrungen zu sammeln, die zu machen wir überhaupt hierher gekommen sind.

Nachdem ich mich jedoch tiefer in die Mysterien des Lebens vorgewagt, aber auch einige völlig unglaubliche Erfahrungen gemacht und jüngste Entwicklungen der Quantenphysik studiert hatte, stand für mich eine weitere Kernfrage im Raum:

Ist die Erfahrung des Lebens und alles, was wir um uns herum sehen, tatsächlich real?

Und wenn ich sage *real*, meine ich, ist sie feststofflich und greifbar? Hat das Leben eine von uns unabhängige Existenz? Verfügt das Leben über eine ganz eigene Macht? Solche Fragen mögen unnötig theoretisch erscheinen, doch die Antworten auf diese Fragen sind tatsächlich von enormer praktischer Bedeutung für unser Leben.

Denn was nicht nur ich schlussfolgerte, sondern auch viele esoterische Lehren nahelegen und jüngste Forschungsergebnisse der Quantenphysik dokumentieren (wobei weder die einen noch die anderen praktische Schlussfolgerungen beschreiben), und was ich gerne gelernt hätte, als ich jünger war, ist, dass die Erfahrung des Lebens, das gesamte physische Universum, in dem sich unser aller Leben abspielt, nicht real ist.

Es ist alles eine Illusion, ein Hologramm, oder was ich die totale Versenkung in einen Film nenne, die wir mittels einer Kombination aus Bewusstsein und unglaublichen Kräften erschaffen und so real erscheinen lassen. Das Leben ist ein Spiel, das *im* Bewusstsein stattfindet, und das von unseren Kräften, über die wir als unendliche Wesen verfügen, genährt wird.

Wenn Sie dies wirklich begreifen und einige wichtige Veränderungen in Ihrem Bewusstsein zulassen, dann erhalten Sie Zugang zu schier unglaublichen Kräften, mit der Sie buchstäblich jede Erfahrung in Ihrem Leben umgestalten können. Das ist es, was ich gerne viel früher gelernt hätte.

Das Leben ist wie einer dieser sogenannten luziden Träume, in dem Sie mitten im Traum aufwachen und über das gesamte weitere Geschehen des Traumes bestimmen können. Ich wäre in meiner menschlichen Existenz gerne sehr viel früher erwacht!

Bob Scheinfeld hat „The Invisible Path to Success" und „The 11th Element" verfasst. Seit mehr als 20 Jahren hat er mittlerweile Menschen in über 170 Ländern geholfen, in kürzerer Zeit, mit weniger Aufwand und viel mehr Freude unglaubliche Ergebnisse zu erzielen. Weiterführende Informationen finden Sie unter: www.7powercentersoflife.com.

Die großen Philosophen haben einfach nur ihre Sicht der Dinge erläutert

Alle großen Philosophen und Psychologen, von denen Sie je gehört haben, haben allesamt schlicht ihre Meinung kundgetan. Sie haben ihren eigenen Plan davon entworfen, wie die Welt nach ihrer Auffassung funktioniert. Dieser Plan ist ihre philosophische oder psychologische Lehre. Er entspricht nicht notwendigerweise der Wahrheit. Er stellt deren Meinung dar.

Sie können Ihren eigenen Blick auf die Welt entwerfen. Sie können sich für eine bereits existierende Philosophie oder Psychologie entscheiden, oder sogar eine eigene entwickeln. Die wenigsten wissen, dass wir alle die Wahl haben.

EXTERNE ANBINDUNGEN

Im Leben für andere da sein

Die wichtigste Lektion im Leben, die Sie je lernen werden

CHIP TARVER

Hier ist sie. Und wenn Sie einmal alles, was Sie je gelernt haben oder Ihnen beigebracht wurde, vergessen sollten – diese eine Regel sollten immer parat haben und befolgen.

Die Goldene Regel: Behandeln Sie andere, so wie Sie behandelt werden möchten, oder behandeln Sie andere, wie diese behandelt werden möchten.

Das ist ein extrem wertvolles Prinzip. Ein buchstäblich Millionen schweres Prinzip.

Es gibt weit und breit kein besseres Leitmotiv für Ihr Leben als dieses einfache, grundlegende Prinzip. Wenn Sie sich hintenanstellen und sich zu allererst um andere sorgen, werden die Menschen sich nicht nur an Sie erinnern – Sie werden Ihre Nähe suchen.

Weshalb?

Wer nach diesem Prinzip verfährt, ist ein großartiger Zuhörer. Denn zu viele Menschen interessieren sich zu sehr nur dafür, was sie selber zu sagen haben, als dass sie lange genug ruhig sein und zuhören könnten, was Sie zu sagen haben.

Zu viele Menschen sind um ihre eigenen Bedürfnisse und Wünsche zu sehr besorgt, als dass sie Zeit für Ihre Bedürfnisse und Wünsche haben könnten. Tagtäglich können wir beobachten, wie diese Schwierigkeiten Ehen und Arbeitsverhältnisse in Mitleidenschaft ziehen.

Wenn Sie sich von der Menge abheben, indem Sie Ihre Mitmenschen vornan stellen, ein guter und aktiver Zuhörer sind und dann mit der Grundidee antworten, für alle Beteiligten einen Win-Win-Situation herzustellen – dann sind Sie ein Gewinner. Ihren Gewinn bringen Sie dann auf die Bank, ganz buchstäblich.

Das Gesetz der Reziprozität besagt: Wenn Sie Menschen helfen, deren Wünsche zu verwirklichen, werden die Menschen auch Ihnen helfen wollen, Ihre Wünsche zu verwirklichen. Das hat nichts mit Egoismus zu tun, sondern einfach mit Weisheit – Sie setzen einfach ein spirituelles Gesetz in Gang, das nichts und niemand mehr aufhalten kann.

Es ist ein grundlegendes Prinzip des Lebens, das nicht nur alle Menschen in Ihrem Umfeld segnet, sondern unmittelbar auch erfüllende Beziehungen und höhere Überweisungen auf Ihr Girokonto zur Folge hat.

Vergessen Sie also nie: Seien Sie immer derjenige, der zuerst gibt, und stellen Sie immer sicher, dass Sie das wichtigste Prinzip im Leben beachten – die Goldene Regel – heute und an jedem anderen Tag. Dieses Prinzip hat bewiesen, dass es funktioniert. Jedes Mal aufs Neue.

Ihre Beziehungen dienen dem Wachstum

Erwarten Sie von keiner langfristigen Beziehung, dass sie immer aalglatt läuft. All die Buckel, Hügel, Täler, Aufstiege und Fälle im Leben sind nichts anderes als die Art und Weise des Lebens, Ihnen wachsen zu helfen. Wenn Sie aufgeben und frühzeitig aussteigen, verpassen Sie möglicherweise eine großartige Lektion (und Sie werden in der nächsten Beziehung landen, die Ihnen dieselbe Lektion auf noch dramatischere Art und Weise verabreichen wird).

Es geht darum, beieinander zu bleiben und zu wachsen, anstatt sich zu trennen und sich in die Schmollwinkel zu verkriechen. Möglicherweise geraten Sie in Ihrer Beziehung irgendwann an einen Punkt, an dem Sie beide – ruhig und in gegenseitigem Respekt – zu der Entscheidung kommen, andere Wege einschlagen zu wollen. Doch aus einem fahrenden Zug zu springen, ist weder weise noch der Gesundheit zuträglich. Bleiben Sie sitzen und genießen Sie die Fahrt.

Üben Sie sich in Vergebung, Toleranz und Mitgefühl. Das wird nicht immer einfach sein, aber es wird immer Ihrem Wachstum dienen.

Ihre Eltern haben Ihr Bestes gegeben

Mir hat die Art und Weise, wie mein Vater mich erzog, schon immer missfallen. Er war ein ehemaliger Ausbildungsunteroffizier bei den US-Marines und hatte eine Karriere als Profi-Boxer hinter sich. Er behandelte mich wie einen frisch gezogenen Rekruten für den Zweiten Weltkrieg. Als Kind und in meiner Jugend verabscheute ich die Schläge, die Disziplin und den allgegenwärtigen Terror. Ein Freund am College schockierte mich, als er sagte: „Dein Vater hätte dich auch als Baby in einen Mülleimer stecken können. Hat er nicht. Er zog dich auf, so gut er es eben konnte."

Ich habe seitdem dazugelernt und erfahren, dass alle Eltern immer nur improvisieren. Niemand hat eine Elternausbildung absolviert. Die wenigsten haben jemals ein Buch über Kindererziehung gelesen. Die meisten erziehen ihre Kinder entweder so, wie sie erzogen wurden, oder versuchen genau das Gegenteil dessen zu machen, was ihre Eltern gemacht haben. Und niemand hat sein Kind in schlechter Absicht erzogen. Alle haben ihr Bestes gegeben.

Ihre Eltern haben Sie so gut erzogen, wie sie eben konnten, und sich dabei auf ihren Glauben gestützt, auf ihre eigene Erziehung und ihre Vermutungen darüber, wie wohl mit Ihnen umzugehen sei. Vergeben Sie ihnen. Schenken Sie ihnen Verständnis. Lieben Sie sie. Alles, was Sie heute noch von Ihnen erwarten, ist die Sicherheit, dass Sie wissen, dass sie ihr Bestes gegeben haben. Bestätigen Sie ihnen das. Lassen Sie nicht genau das unausgesprochen, was sie sich so sehr zu hören wünschen.

Ihre Kinder werden, was sie werden

Woher können Sie wissen, ob Ihr Kind zum nächsten Dalai-Lama wird?

Das können Sie nicht.

Meine Schwester hat Zwillinge. Beide wuchsen in derselben Umgebung auf, wurden von denselben Eltern erzogen, hatten dieselben Lehrer in derselben Schule und hatten zwei Schwestern zur Freundin.

Und trotz alledem verfügen beide über eine grundsätzlich andere Persönlichkeit und verfolgen grundsätzlich andere Ziele.

Tränken Sie Ihre Kinder mit Liebe und lassen Sie sie wachsen, wohin sie wachsen möchten.

Und stellen Sie sicher, dass jedes von ihnen ein Exemplar dieser Gebrauchsanweisung erhält.

Mit der richtigen Unterstützung können Sie alles erreichen

Sie werden feststellen, dass es viel einfacher ist im Leben voranzukommen, wenn Sie Menschen haben, die Sie unterstützen.

Ich meine keine finanzielle Unterstützung, auch wenn Sie sich darüber freuen würden. Ich meine vielmehr die emotionale Unterstützung.

Egal, ob Sie Gewicht verlieren, das Rauchen aufhören, Ihr Einkommen verbessern, ein Geschäft aufbauen, eine Familie gründen oder was sonst auch immer machen wollen – mit einem Team aus Unterstützern wird es Ihnen sehr viel leichter fallen.

Die meisten Menschen wollen in ihrem Leben Dinge aus eigener Kraft erreichen. Letztendlich werden Sie alles, was Sie erreichen, aus eigener Kraft erreichen. Doch wenn Sie Menschen haben, die Ihnen Mut machen, werden Sie die erforderlichen Kräfte einfacher aufbringen können. Vergleichen Sie es mit einem Marathon: Sie können ihn ganz alleine laufen, oder aber umgeben von einer Menschenmenge, die Sie anfeuert.

Es funktioniert auch andersherum.

Wenn Sie anderen helfen, indem Sie ihnen Mut machen, helfen Sie auch sich selber. Die Erfolge anderer werden Ihnen Befriedigung sein, das heißt, Sie können Ihre Energie steigern, indem Sie anderen Ihre Hilfe anbieten.

Kurz, seien Sie bereit, um Hilfe zu bitten und Hilfe anzubieten, damit Ihre Träume Wirklichkeit werden können.

Zuhören

JOHN MILTON FOGG

Am Anfang, so steht es geschrieben, war das Wort. Das Problem war nur, keiner wollte zuhören. Neben dem universellen Lebenssinn, der, wie ich glaube, uns allen gemein ist, nämlich das Lieben und Geliebtwerden zu lernen, stellt das *Zuhören* die zweite Lektion des Lebens dar, die ich gerne schon vor langer Zeit gelernt hätte – ganz am Anfang.

„Höre zu", sagte mein Mentor Carol McCall, „eine ganze Welt wartet darauf, gehört zu werden" (und genauso übertitelte er auch ein ganzes Buch). Sie brauchen lediglich eine Zeitschrift oder eine Zeitung aufzuschlagen, ein Blog im Internet aufzurufen oder (Gott behüte!) das Fernsehen einzuschalten, um beobachten zu können, wie Menschen, Gemeinden, Unternehmen und Länder einander nicht zuhören. Und um den Preis sehen zu können, den sie tragischerweise für ihr Taubstellen zahlen müssen.

Wenngleich wir 85 Prozent dessen, was wir wissen, über das Zuhören gelernt haben, so zeigen uns doch wissenschaftliche Untersuchungen, dass viele Informationen verloren gehen, weil wir in drei viertel der Zeit zerstreut, besorgt oder einfach vergesslich sind. Oh, natürlich *hören* wir, was die Menschen sagen. Aber wir *hören* nicht *zu*. Nicht wirklich. Sie wollen den Beweis dafür? Noch mehr wissenschaftliche Ergebnisse: Wir können uns nur an 20 Prozent dessen erinnern, was wir gehört haben. Weshalb? Weil wir, wenngleich wir zwischen 125 und 250 Wörter pro Minute hören, zwischen 1.000 und 3.000 Wörter pro Minute denken. Das heißt, während andere Menschen sprechen, denken wir unablässig. Die folgende Passage stammt von William Stringfellow und wurde der monatlichen Zeitschrift *Friend's Journal*, einer Veröffentlichung der Quäkergemeinde, entnommen:

Wirkliches Zuhören ist unter den Menschen nur sehr selten zu beobachten. Sie können nicht den Worten anderer lauschen, wenn Sie mit Ihrem Äußeren beschäftigt sind, andere beeindrucken wollen, entscheiden wollen, was Sie sagen werden, wenn der andere zu reden aufgehört hat, oder wenn Sie überlegen, ob das Gesagte stimmt, relevant ist oder Ihre Zustimmung findet. Natürlich haben auch diese Dinge ihren Platz, aber nur nachdem Sie auf das Wort gehört haben, das ein anderer ausgesprochen hat. Das Zuhören ist ein primitiver Akt der Liebe, bei dem der eine sich den Worten des anderen hingibt, sich selber für die Worte empfänglich und verletzbar macht.

Die einfache Wissenschaft zeigt uns, dass zwei Dinge niemals zur selben Zeit denselben Raum einnehmen können. Genauso ist es mit dem *Zuhören.* Sie können nicht denken und zuhören, lesen und zuhören, träumen und zuhören, schreiben und zuhören, zustimmen, nicht zustimmen, diskutieren, interpretieren, Gedanken lesen, üben, planen, beschwichtigen und lesen, nicht mal zuhören und *zuhören* (Beim multi-tasking-fähigen Geschlecht entschuldige ich mich). Um zuzuhören bedarf es unserer ganzen und intensiven Aufmerksamkeit auf unseren Gesprächspartner. Echtes Zuhören wertet den anderen auf. Authentisches Zuhören kann sogar Menschen heilen.

Eine Stelle, die mir im Zitat von Stringfellow besonders gut gefällt, lautet: „Das Zuhören ist ein primitiver Akt der Liebe … ." Sie ist deshalb für mich so besonders und wichtig, weil sie mich unmittelbar wieder an den Ursprung zurückführt. Wenn, wie ich sage und glaube, jeder Mensch denselben Sinn im Leben verfolgt, nämlich das Lieben und Geliebtwerden zu lernen, dann stellt das *Zuhören* ein einfaches – wenngleich nicht leicht zu beherrschendes – wahrhaft elegantes und mächtiges Instrument dar, den Sinn des Lebens zu erfüllen.

Doch die Anzahl der Menschen unter uns, die eine formale Erziehung im Zuhören genossen haben, erreicht keine zwei von hundert. Ich wünschte, ich hätte das Zuhören schon vor langer, langer Zeit gelernt.

John Milton Fogg, Verfasser von „The Greatest Networker in the World"

Was Sie tun, setzt eine Kettenreaktion in Gang

Die wenigsten halten inne, um sich die Tatsache bewusst zu machen, dass ihre Art, auf andere zuzugehen, Teil einer Kettenreaktion ist, die sich auf alle Menschen auswirkt.

Am Beispiel des Lächelns ist dies am einfachsten nachzuvollziehen: Wenn Sie einem Menschen auf der Straße ein Lächeln schenken, fühlt dieser sich möglicherweise dermaßen beflügelt, dass er der nächsten Person, der er begegnet, ebenfalls ein Lächeln zuwirft, diese wiederum schenkt dem nächsten, dem sie begegnet wiederum ein Lächeln und so fort, die ganze Kette hinunter. Diese eine Handlung des Lächelns von Ihnen kann eine ganze Gruppe von Menschen beflügeln.

Genauso verhält es sich mit der negativen Energie. Wenn Sie wütend werden oder jemanden böse anblicken, wird derjenigen, der ihre Negativität abbekommen hat, diese möglicherweise an den nächsten weiterleiten, der ihm über den Weg läuft. Der wiederum wird sie ebenfalls an den nächsten weitergeben und so weiter und so fort. Sie haben einen mentalen Virus freigesetzt.

Kontrollieren Sie diesen Virus.

Senden Sie positive Signale aus, um die weltweite Kette zu beeinflussen.

Alles nimmt bei Ihnen seinen Anfang.

Menschen mögen nette Menschen

Ich bin in meinem Leben so einigen Stars begegnet. Wenn ich auf meinen Seminaren oder privat anderen Menschen von diesen Begegnungen erzähle, taucht immer diese eine selbe Frage auf: „Ist er nett?“, „Ist sie nett?“

Jeder von uns mag Menschen, die nett sind – also angenehm, lächelnd, zugänglich, freundlich.

Dies ist ein guter Tipp für die Art und Weise, Ihr Leben zu führen.

Seien Sie nett.

Jeder will geliebt werden

Als mein Vater für seine Familie ein Haus baute, wurde der Elektriker, den er eingestellt hatte, zu seinem besten Freund. Die beiden aßen zusammen, kelterten Wein zusammen, tranken ihn zusammen, lachten zusammen und erzählten sich Geschichten. Mein Vater hörte sich alles geduldig an, was ihm sein neuer Freund erzählte, denn mein Vater suchte das Gefühl, geliebt zu werden. Natürlich wollte er auch ein vernünftig gebautes Haus, doch er würde nur einen Elektriker anheuern, dem er auch vertraute. Dies wiederum war natürlich der Elektriker, der meinem Vater am meisten Liebe entgegenbrachte. Keiner von beiden würde jemals sagen, dass er für den anderen Liebe empfände. Doch was sie tief in ihrem Inneren suchten, wie jeder von uns, war die Liebe. Helfen Sie den Menschen, sich geliebt zu fühlen, und sie werden es Ihnen in Gold aufwiegen.

Ein Vorbild kann Ihre besten Seiten hervorkehren

Die meisten Menschen imitieren die Menschen in ihrer unmittelbaren Umgebung: Familienmitglieder, Freunde, Lehrer oder Charaktere aus Filmen oder TV-Serien. Das Problem ist nur, das, was diese Vorbilder aus Ihnen herausholen können, ist begrenzt. Wenn Sie wirklich Ihre besten Seiten hervorholen wollen, dann halten Sie sich nur an die Besten. Das *könnte* bedeuten, sich nach Mitgliedern aus Ihrer Familie zu richten, nach Freunden oder Stars. Es könnte aber auch bedeuten, dass Sie sich woanders umschauen müssen.

Als ich beispielsweise mit dem Bodybuilding anfing, wollte ich nur den Besten folgen. Wenngleich ich die Wahl unter gleich einer ganzen Reihe von Berühmtheiten hatte, entschied ich mich für Steve Reeves, den ersten Herkules-Darsteller im Kino. Auch wenn ich nie exakt so aussehen werde wie Reeves, so konnte ich doch, indem ich meinen Körper nach seinem Vorbild formte, mich von fett zu fit verwandeln.

Andere haben Roy Rogers kopiert, den glücklichen, singenden Cowboy, um das Heroische in sich selbst zu finden. Der Punkt ist, dass Sie im Leben immer wieder Menschen begegnen werden, die Sie enttäuschen.

Worauf es ankommt ist, jemanden mit Wesenszügen zu finden, die Ihnen fehlen, und sich diese Wesenszüge zum Vorbild zu nehmen. Es geht nicht darum, derjenige zu werden, den Sie imitieren; sondern nur darum, dessen Kräfte auch bei sich zu entwickeln.

Aber stellen Sie bitte sicher, falls Superman Ihr Vorbild sein sollte, dass Sie nicht in die Nähe von Kryptonit geraten.

Wie Sie einen Streit beenden

Seien Sie der Erste, der sagt: „Es tut mir leid."

Sobald Sie dies gesagt haben, wird der andere Sie anblicken und prüfen, ob Sie es ernst meinen. Wenn Sie es ernst meinen, wird der Situation die Spannung genommen.

Wie Sie einen Feind behandeln

Fragen Sie Feinde um Rat. Die wenigsten Menschen können widerstehen, wenn Sie um Rat gefragt werden.

Sie positionieren sich damit als jemand mit offenem Geist. Ihr Feind wird sich Ihnen dann ebenfalls öffnen.

Das Angebot einer Tracht Prügel

Ich habe heute einen langen Brief von einem Mann erhalten, der ein neues System zur Selbstverteidigung entwickelt hat. Er behauptet, jeden innerhalb von drei Minuten besiegen zu können. Er möchte, dass ich für ihn und seine Methode Werbung mache. Dann schrieb er, er sei sehr gerne bereit, sich mit mir zu treffen, um mir seine Fähigkeiten zu beweisen. Was meinte er wohl damit?

Er wollte mich zusammenschlagen.

Ganz im Ernst.

„Wenn ich Sie innerhalb von drei Minuten besiegen kann“, schrieb er in seinem Brief, „dann versprechen Sie mir, für mich und meine Produkte die PR-Arbeit zu übernehmen. Abgemacht?“

Dann gab er mir die Adressdaten seines Agenten, damit ich einen Termin für unseren Wettbewerb arrangieren konnte.

Es wäre sicherlich eine interessante Online-Nachricht geworden. Ich sehe die Titelzeile geradezu vor mir:

51-jähriger, ehemals übergewichtiger Internet-Marketing-Experte trifft auf 30-jährigen Kampfsport-Supermann zum K.o.-Match. Bestellen Sie sich noch heute Ihre Eintrittskarte.

Super! Wer hätte wohl gewonnen!?

Selbst wenn ich bewaffnet angetreten wäre, ich hätte den Kürzeren gezogen.

Wie hätten Sie reagiert?

Wären Sie auf dieses Angebot eingegangen?

Wenn Sie nicht zufällig ein Kampfsportler auf der Suche nach einer Auseinandersetzung sind, würden Sie den Brief wahrscheinlich sofort in den Papierkorb befördern.

Ich frage mich sehr häufig, was sich die Leute wohl denken. Glaubt dieser Kerl tatsächlich, ich würde mich einem Zweikampf mit ihm stellen? Und dann, nachdem er mich besiegt hätte, würde ich dankbar lächelnd mich daran machen, ihn und seine Produkte zu bewerben?

Ich behaupte weder, ein Kämpfer zu sein, noch suche ich handfeste Auseinandersetzungen. Ich brauche auch keinen neuen Kunden. Vor allem aber brauche ich keinen Kunden, der mir die Nase bricht, nur um mir zu beweisen, dass er besser ist als ich.

Niemand lässt sich gerne als minderwertig darstellen. Vergegenwärtigen Sie sich dies, wenn Sie versuchen, jemanden zu erreichen. Menschen herabzusetzen ist kein guter Weg, neue Freunde zu gewinnen oder Menschen zu beeinflussen. Im Grunde ist es für so ziemlich gar nichts ein guter Weg.

Ich denke die Moral dieser Geschichte lautet, dass jeder ein Ego hat. Der bessere Weg, mit Menschen in Kontakt zu treten, ist, das eigene Ego unter das ihre zu stellen.

Mit anderen Worten, seien Sie bereit, Ihren Status etwas herunterzunehmen. Protzen Sie nicht. Zeigen Sie stattdessen Ihre Schwächen und fragen Sie um Hilfe.

Dieser unruhige Kämpfer hätte mir wohl besser angeboten, mir seine neue Methode beizubringen. Anstatt mir anzubieten, mich mit ihr zu belästigen.

Seien Sie auf der Hut.

Jeder macht irgendetwas durch

Sie mögen glauben, Sie seien der einzige Mensch auf Erden, der unter Geldsorgen zu leiden hat oder unter gesundheitlichen Einschränkungen, oder unter Beziehungsproblemen, oder was auch immer.

Doch die Wahrheit lautet, jeder macht irgendetwas durch. Dieses Wissen kann Ihnen helfen, mehr Verständnis für Ihre Mitmenschen zu entwickeln. Der Typ, der Sie gerade auf der Autobahn geschnitten hat, hat vielleicht gerade seinen Arbeitsplatz verloren, oder sein Sohn oder seine Tochter hat gerade etwas angestellt, oder er ist einfach an etwas erkrankt.

Genauso wie Sie manchmal schlechte Tage haben und Dinge erleben, die Ihnen zu schaffen machen und an denen Sie wachsen müssen, erleben auch andere Menschen ihre Tiefpunkte.

Genau wie Sie sich wünschen, dass andere Ihr Leben nachvollziehen können, müssen Sie das Leben anderer verstehen.

Gegenseitiges Verständnis kann Frieden auf Erden bringen.

Das Leben verfehlen

BILL HARRIS

Ich bin hundert Mal durch die Prüfungen des Lebens gefallen, bis mir endlich klar wurde, weshalb. Das Gebiet, in dem ich am häufigsten durchfiel, waren die Liebesbeziehungen.

Ich bin meinem Vater wie aus dem Gesicht geschnitten und habe zahlreiche Eigenarten von ihm übernommen. Meine Mutter, die meinen Vater letztendlich nicht mehr leiden mochte und sich von ihm trennte, als ich drei Jahre alt war, erklärte mir in meiner Jugend immer wieder: „Du bist wie dein Vater – keine Frau wird dich jemals ertragen können."

Und da solch tief verinnerlichte Glaubensgrundsätze die Tendenz haben, sich zu materialisieren (was ich damals noch nicht wusste), fühlte ich mich ständig von Frauen angezogen, die wie dazu gemacht waren, mir die Worte meiner Mutter zu beweisen. Das Drama verlief regelmäßig nach zwei alternativen Mustern. Entweder fühlte ich mich zu Frauen hingezogen, die aufgrund ihrer eigenen Probleme keinem Mann eine echte Partnerin sein konnten, sich sehr schwer mit Intimität taten und Männern gegenüber sehr viel Verbitterung empfanden. Oder aber, wenn es mir versehentlich irgendwie gelungen war, eine Frau anzulocken, die emotional gesund war, fand ich eine Möglichkeit, sie mit meinen eigenen emotionalen Problemen wieder zu verscheuchen.

Als erwachsener Mann habe diese beiden Szenarien sicherlich mehr als zwanzigmal durchgespielt. Wieder und wieder traf ich auf die im Wesentlichen gleiche Frau und verliebte mich in sie. Nur dass sie jedes Mal einen anderen Körper hatte. Mit kleinen Varianten lief die Geschichte immer wieder nach dem gleichen Muster ab und immer wieder auf das gleiche Ende hinaus.

Schließlich, in der Hoffnung diese und andere emotionale Probleme lösen zu können, lernte ich zu meditieren. Später meditierte ich nach der sehr kraftvollen Holosync-Audio-Technologie, die ich heute über mein Unternehmen, das Centerpointe Research Institute, vertreibe. Ich meditierte jeden Tag, über mehrere Jahre hinweg, und begriff allmählich, dass und wie ich diese Beziehungskatastrophen selbst erschuf.

Ich begann den gesamten Prozess in der Zeitlupe zu sehen. Ich sah den ersten Moment der Anziehung, das Turteln der Werbenden, das Erscheinen unterschiedlicher, aber miteinander in Verbindung stehender, emotional gestörter Verhaltensweisen von mir und meinen Partnerinnen, und schließlich das unglückliche und bittere Ende der Beziehung. Schritt für Schritt konnte ich mich immer besser von den Dingen, die mit mir geschahen, distanzieren und sie bewusster betrachten. Zwei Dinge passierten nun. Erstens wurde es für mich zunehmend schwieriger, meinen zuvor noch schier grenzenlosen Enthusiasmus für das ganze Unterfangen aufzubringen. Jetzt, da ich zunehmend auf Distanz ging und den gesamten Prozess aus einer bewussteren Perspektive her betrachtete, und so bereits im Voraus erkannte, wie alles enden würde, wurde es immer schwieriger, das Spiel mitzuspielen.

Zweitens wurde mir bewusst, dass dieses Gefühl intensiver Anziehung, von dem ich immer annahm, es hieße „hier ist eine Kandidatin für eine romantische Liebesbeziehung", eine völlig andere Bedeutung hatte. Denn letztlich hieß es: „Hier ist eine, die dir beweisen wird, dass deine Mutter recht hatte, dass es keine Frau mit dir wird aushalten können."

Es war eine seelenreinigende Erfahrung für mich, alles unter einem neuen Licht sehen zu können. Am Ende konnte ich dieses Gefühl der Anziehung nicht mehr auf dieselbe Art und Weise beantworten. Vielmehr beobachtete ich mich jetzt selbst dabei, dieses Gefühl zu haben, und konnte mich – wissend, wohin es führen und was geschehen würde – davon verabschieden.

Meine Fähigkeit, dieses Gefühl mehr zu beobachten als darauf zu reagieren, brachte mich interessanterweise in kürzester Zeit dazu, mich zu einer völlig neuen Art Frau hingezogen zu fühlen – einer, die warmherzig, liebevoll und verständnisvoll war, und die nicht kam, um den immer gleichen Film mit mir abzuspielen. Heute bin ich glücklich mit einer wunderbaren Frau verheiratete, die mich aus tiefstem Herzen liebt.

Aus meiner Erfahrung konnte ich gleich mehrere Lehren ziehen, und ich hätte mir sehr gewünscht, diese Lektionen schon 30 Jahre früher gelernt zu haben. Die erste Lektion lautet, dass unsere Überzeugungen tatsächlich die Gegebenheiten und die Wirklichkeiten unseres Lebens kreieren. Es stimmte nicht, dass es niemals eine Frau mit mir aushalten würde. Doch weil ich zutiefst davon überzeugt war, machte ich meine Überzeugung zur Realität. Ich konnte diese Erkenntnis später nutzen, um einige andere Bereiche meines Lebens zu bereinigen, in denen die Dinge nicht wie gewünscht liefen.

Zweitens verstand ich, dass sich eine Überzeugung auflöst, sobald sie ins Bewusstsein tritt und sobald das Drama erkennbar wird, das von Anfang bis Ende von diesen Überzeugungen inszeniert wird. Diese Überzeugungen lösen sich dann auf, falls sie nicht noch von Nutzen sind. Solange diese Prozesse unbewusst ablaufen, können sie über Jahrzehnte die immer selben negativen Konsequenzen schaffen. Doch sobald Sie sich über diese Prozesse bewusst werden, wird alles, was Ihnen nicht nutzt, wie von Zauberhand von Ihnen genommen.

Drittens haben die Menschen sehr viel mehr Kontrolle über das, was Sie im Leben kreieren, als sie zunächst glauben. Über viele Jahre hinweg habe ich mir eine schmerzliche Beziehung nach der anderen erschaffen, und fühlte mich jedes Mal als Opfer von Umständen, von schlechten Menschen und anderen äußerlichen Einflüssen. Als ich aber erkannte, dass ich das, was geschah, selber erschuf (wenn auch nicht bewusst beabsichtigt), und dies das unvermeidbare Resultat dessen war, was ich im Kopf entstehen ließ, wurde mir klar, dass ich alle nötige Macht und alle erforderlichen Fähigkeiten hatte, um mein Leben auf jede Art und Weise zu gestalten, die ich mir wünschte. Der großartige Napoleon Hill, Verfasser des Buches *Think and Grow Rich* sagte einst: „Das Einzige, über das jeder Mensch absolute und vollständige Kontrolle ausübt, ist das, worauf er seine Aufmerksamkeit lenkt."

Glücklicherweise ist diese, nur scheinbar unbedeutende Fähigkeit der Schlüssel zu allem anderen im Leben, und ich bin sehr dankbar, dies endlich verstanden zu haben.

Bill Harris ist Chef des Centerpointe Research Institute.
Weitere Informationen unter www.centerpointe.com.

TROUBLESHOOTING

Sich um sich selber kümmern

Das Universum sagt immer ja

Das Universum (die Energie all dessen, was Sie in Ihrem Leben vorfinden) wird Ihre Gedanken immer bejahen.

Wenn Sie sich negative Gedanken machen, wird das Universum sagen: „Okay, ich bin mit dir einverstanden", und für negative Ergebnisse sorgen.

Wenn Sie sich positive Gedanken machen, wird das Universum sagen: „Okay, ich bin mit dir einverstanden", und für positive Ergebnisse sorgen.

In jeder Situation wird das Universum ja sagen.

Wenn Sie erst die Lektion gelernt haben, brauchen Sie die Erfahrung nicht mehr

Wenn Sie erst einmal die Lektion gelernt haben, die mit einer bestimmten Erfahrung einhergeht, dann brauchen Sie diese nicht mehr zu wiederholen.

Solange Sie aber die Lektion nicht verstanden haben, werden Sie diese Erfahrung, unter wachsendem Leidensdruck, immer wieder machen, bis Sie die Lektion begriffen haben. Mit anderen Worten, die Menschen kämpfen scheinbar immer wieder mit demselben Problem – achten Sie einmal darauf. Der eine heiratet vielleicht sieben Mal. Der nächste hat ständig Geldsorgen. Und wieder ein anderer hat das immer selbe gesundheitliche Problem.

Keines dieser Probleme ist vorherbestimmt oder unabänderlich. Lernen Sie die Lektion hinter einer Erfahrung, dann wird Sie diese Erfahrung entlassen.

Achten Sie auf Ihre Lektionen.

Geben Sie, was Sie bekommen möchten

Jeder wird Sie von diesem Prinzip abbringen wollen. Doch es ist und bleibt richtig: Geben Sie mehr, von was auch immer Sie erhalten möchten.

Wenn Sie Geld möchten, geben Sie Geld.

Wenn Sie Liebe möchten, geben Sie Liebe.

Der ganze Trick besteht darin zu geben, ohne von irgendeiner bestimmten Quelle eine Gegenleistung zu erwarten. Lassen Sie sich durch die Rückleistung überraschen.

Geben Sie mit frohem und erwartungsvollem Herzen, doch auch mit offenem Geist.

Sie bekommen die Ergebnisse, die Sie bekommen sollen

Es mag schwer zu akzeptieren sein, aber die Ergebnisse, die Sie bekommen, sind die Ergebnisse, die Sie bekommen sollen.

Mit anderen Worten, was immer Sie derzeit tun, führt Sie zu den Ergebnissen, die Sie derzeit erhalten.

Wenn Sie übergewichtig sind, haben Sie wahrscheinlich dazu beigetragen, dass Sie übergewichtig geworden sind. Lassen Sie sich in einer Wüste oder in einem Strafgefangenenlager aussetzen, dann dürften Sie dünner werden.

Wenn Sie alleine sind, hat das wahrscheinlich damit zu tun, dass Sie Dinge unternehmen oder unternommen haben, mit denen Sie sich andere vom Leib halten. Besuchen Sie öfter die Chat-Sites im Internet oder gehen Sie häufiger auf Partys oder ähnliche Treffen, dann werden Sie Leute kennenlernen.

Wenn Sie pleite sind, dann geben Sie wahrscheinlich mehr Geld aus als nötig, oder Sie unternehmen nicht genug, um Geld reinzuholen.

Wenn Sie Ihr Leben objektiv betrachten, werden Sie feststellen, dass die Ergebnisse, die Sie bekommen, genau die Ergebnisse sind, die zu erwarten sind.

Ändern Sie, was Sie machen, dann ändern sich die Ergebnisse.

Es ist wirklich ganz einfach.

Auch das geht vorbei

Was immer Sie gerade erleben, mag es schlecht oder gut, schmerzhaft oder angenehm sein, wird vorbeigehen.

Der Kinofilm *Vergiss mein nicht!* gefiel mir, weil er nahelegt (zumindest mir), dass wir vor dem eigentlichen Moment immer davonlaufen. Anstatt das zu genießen, was gerade ist – egal, was es ist – versuchen wir mit allen Mitteln, in die Zukunft oder in die Vergangenheit zu flüchten.

Wenn Sie sich vor Augen führen, dass auch dieser Moment (was immer er für Sie bedeutet) vorbeigeht, wissen Sie ihn vielleicht besser zu schätzen.

Wenn Sie diesen Moment mögen, kosten Sie ihn aus, denn er wird bald vorbei sein. Wenn Sie diesen Moment nicht mögen, entspannen Sie sich, denn er wird bald vorbei sein.

Haben Sie keine Angst

Eine der häufigsten Aussagen der meisten Philosophen und Religionen ist, dass das Leben nicht angsteinflössend ist. Jeder kennt das Gefühl, vor lauter Angst einen Rückzieher machen zu wollen. Sie möchten sich zum ersten Mal mit jemandem verabreden, Sie wollen Ihren Chef auf eine Lohnerhöhung ansprechen, jemanden um Kredit bitten – doch die Angst hält Sie zurück.

Das große Geheimnis lautet: Es gibt nichts zu fürchten.

Das zu akzeptieren wird Ihnen schwerfallen, denn Ihr Kopf wird Sie mit den unterschiedlichsten Szenarien terrorisieren, Ihnen Angst einflößen.

Wie gesagt: Haben Sie keine Angst!

Tun Sie, was Sie tun wollen, und gehen Sie durch die Angst hindurch.

Auf der anderen Seite liegt die Freiheit.

Was Sie fürchten, kann Ihre Sehnsucht enthalten

Vielleicht haben Sie einmal festgestellt, dass das, wonach Sie sich sehnen, sich in dem verbirgt, was Sie fürchten.

Über Jahre habe ich mich davor gefürchtet, der Welt meine spirituelle Seite zu offenbaren. Für verschiedene, konservativ eingestellte Verlage und Verbände schrieb ich zahlreiche Veröffentlichungen, unter anderen für die American Marketing Association, die American Management Association und für Nightingale-Conant. Ich wollte nicht, dass die Welt erfuhr, dass ich eine weichere, liebevollere Seite habe. Ich fürchtete das Urteil der anderen über diese Seite von mir.

Als ich dann endlich meine neuen Bücher wie *The Attractor Factor* veröffentlichte – was ich vor allem tat, weil mich Freunde drängten, ich solle sie an meinem Wissen teilhaben lassen – war das Ergebnis ein überwältigendes Medienecho. Das Buch wurde bei den Online-Buchshops Amazon und Barnes & Noble zu einem Bestseller. Keines meiner bisherigen Bücher war auch nur annähernd so erfolgreich gewesen wie dieses.

Möglicherweise stellen Sie fest, dass das, bei dem Sie fürchten, dass es die Welt erfahren könnte, genau das ist, wonach die Welt dürstet. Wenn Sie Ihre Befürchtungen mitteilen, belohnt Sie die Welt vielleicht mit dem, was Sie suchen.

Seien Sie bereit, Bedürfnisse aufzuschieben und erstaunliche Ergebnisse zu erzielen

Sie werden bemerkt haben, dass die meisten Menschen ihren Launen und Bedürfnissen folgen, ohne an morgen zu denken.

Sie werden entdecken, dass Sie sich stärker und glücklicher fühlen und größere Ergebnisse erzielen werden, wenn Sie die unmittelbare Bedürfnisbefriedigung zugunsten einer langfristigen, größeren Belohnung hintenanstellen.

Der beste Weg beispielsweise, Gewicht zu verlieren, ist, den Impuls nach ungesunder Nahrung zu übergehen und sich stattdessen am Endergebnis zu orientieren: Ein schlanker Körper und ein längeres Leben.

Mir fällt es mittlerweile sehr leicht, auf Nachtisch zu verzichten oder irgendeine andere Kostversuchung zu ignorieren, indem ich mir klar mache, dass mir der Verzehr jetzt ein kurzes Vergnügen sein wird, dass ich ihn vielleicht eine Minute genießen, aber über Wochen, Monate oder gar Jahre bereuen werde.

Wenn ich stattdessen den Impuls ignoriere und meine Aufmerksamkeit auf den langfristigen Gewinn lenke, fällt mir die Entscheidung viel leichter.

Die Lektion, die viele der Hemmschwellen aus dem Leben nimmt

ANN TAYLOR

Hätte ich die Möglichkeit, in die Vergangenheit zu reisen und mein Leben neu zu strukturieren, dürfte aber nur eine Änderung vornehmen oder nur eines schon früher lernen, dann wäre es sicher, meiner Intuition zu vertrauen, meinem Bauchgefühl, meinem sechsten Sinn. Es gibt viele Namen für diesen Teil von mir, der stets nur das Beste und Höchste für mich anstrebt und der mir über die verschiedensten Wege Anweisungen und Führung gibt. Hätte ich schon früher gewusst, dass ein Gefühl der Beklemmung das Signal dafür ist, dass ich ein Vorhaben noch stärker hinterfragen muss, dann wäre mein Leben völlig anders verlaufen. So viele Male bin ich blind den Ratschlägen anderer gefolgt, habe ich die Autorität anderer – meiner Eltern, meiner Lehrer – akzeptiert und mich nach ihren hundertprozentig überzeugenden Argumenten und Gründen gerichtet, weshalb etwas so und nicht anders getan werden müsse. Mit ihren Ratschlägen lagen sie manchmal richtig, und manchmal daneben. Wie so viele andere Menschen auch habe ich meine Macht an äußere Autoritäten abgegeben, anstatt eine Entscheidung mit meiner Intuition oder meiner inneren Autorität – oder mit Gott, wie ich es gerne nenne – zu überprüfen.

Ich wuchs in einer Mittelschichtfamilie auf, in der viel Wert auf eine formale Schulausbildung gelegt wurde und in der die Erwartungen an den Einzelnen sehr hoch gesteckt waren, was ich mir damals voll und ganz und ohne zu hinterfragen zu eigen gemacht hatte. Meine Schwester wurde Apothekerin, mein Bruder Rechtsanwalt, wobei mein Vater den größten Teil der Ausbildungskosten übernahm. Ich kam mit meinem Vater, obwohl ich stets mein Bestes versuchte, nie gut zurecht. Zwei Jahre lang mühte ich mich durch das College und brach schließlich die Schule ab, weil ich mit dem Herzen nie wirklich dabei war. Ich wusste nicht, was ich anschließend machen wollte, doch war ich mir sicher, dass ich das College nicht abschließen wollte. Ich entschloss mich zu diesem Schritt, obwohl ich sogar jemanden hatte, der bereit war, für einen Großteil der noch anfallenden Kosten aufzukommen. Für diesen Umstand war ich zwar sehr dankbar, ließ aber meine Entscheidung, die Ausbildung abzubrechen, davon nicht beeinflussen.

Ich habe immer geglaubt, ich könnte tun und lassen, was ich wollte, und dabei erfolgreich sein, solange ich mich dabei an mein Wort hielt. Diese Überzeugung hat sich in meinem Leben immer wieder bewahrheitet. Als ich neunzehn Jahre alt war, beschloss ich, Abendkurse bei Merrill Lynch zu belegen, da mich das Thema Aktienmärkte sehr faszinierte. Ich verliebte mich, heiratete, und zog nach Naples, im Bundesstaat Florida, und arbeitete als technische Zeichnerin für die Verkehrsbehörde. Ich erfüllte diese Aufgabe ohne jegliche Leidenschaft, und so begann ich irgendwann die Kleinanzeigen durchzugehen. Mein damaliger Ehemann fand eine Stellenanzeige, in der zwei Aktienmakler gesucht wurden. Gesucht waren Mitarbeiter ab einem Alter von 40 Jahren mit Erfahrung. Ich entwickelte dennoch einen starken Wunsch, mich auf die Stelle zu bewerben. Ich wollte den Job. Ich war gerade erst 25 Jahre alt geworden, verfügte über keinerlei Erfahrung, doch über einen großen Willen. An das Vorstellungsgespräch erinnere ich mich, als wäre es gestern gewesen. Mir wurde die Stelle für die Hälfte meines bisherigen Gehalts angeboten, und ich war außer mir vor Freude. Der Rest ist Geschichte. Ich hatte die Karriere gefunden, der meine ganze Leidenschaft galt. Ich lebte, aß und atmete mit und für die Branche. Fünf Jahre später wurde ich zur Aktienmaklerin – in einer Zeit, in der Frauen gerade mal zwei Prozent aller Börsianer ausmachten. Von Intuition hatte ich damals keinerlei Ahnung. Ich wusste nichts über dieses Zielfluggerät, das mich auf so viele verschiedene Weisen auf meiner Flugbahn hielt. Ich erinnere mich an eine dieser vielen Begebenheit, in denen ich einem Kunden zu einer Aktie riet, über die ich recherchiert und bei der ich ein wirklich gutes Gefühl hatte. Nachdem mein Kunde einen stattlichen Gewinn erzielt hatte, verkaufte er die Aktie wieder. Später wollte er genau diese Aktie wieder ins Depot nehmen. Ich hatte kein gutes Gefühl dabei und riet ihm daher, besser noch abzuwarten. Er beschloss dennoch die Aktie zu kaufen. Nun, Sie werden es erahnt haben. Der Kurs verabschiedete sich Richtung Süden und sollte den Einstiegskurs meines Kunden nie wieder erreichen.

Wie häufig haben Sie sich schon gesagt: „Ich wusste, dass dies geschehen würde!"? Wie häufig haben Sie sich schon gesagt: „Ich wusste, ich hätte das nicht tun sollen!"? Wenn es Ihnen wie mir erging, dann ergibt Ihre Antwort eine ziemlich lange Liste. Ich habe viele Jahre und sehr viel Übung gebraucht, bis ich meiner Führung vertrauen konnte. Einer Führung, die ich vor allem durch Gott erhalte.

Ich habe kürzlich eine Situation erlebt, die mir gezeigt hat, dass es so gute und überzeugende Lügner gibt, dass kein Lügendetektor ihnen auf die Schliche kommt. Kein Witz. Solche Menschen besitzen einen enormen Charme. Derjenige, um den es sich in meinem Fall handelte, ließ keine meiner üblichen Alarmglocken läuten. Die einzige Möglichkeit – und ich betone, die *einzige* Möglichkeit –, um zu überprüfen, ob dieser Mensch tatsächlich log, bestand darin, auf meine Innere Stimme zu hören. Ich war das älteste Kind meiner Eltern und somit der Held der ganzen Bande; das heißt jedoch auch, dass ich dümmer als Brot sein kann, wenn es darum geht, „es zu kapieren". Genau dafür war diese Situation sicher ein gutes Beispiel. Doch war diese Situation in meinen Bemühungen, den Umgang mit meiner inneren Führung zu lernen, auch mein Gesellenstück. Ich werde sie niemals wieder vergessen können. Was mir diese Erfahrung gezeigt hat ist, wie wertvoll meine Verbindung zu Gott und meiner inneren Führung tatsächlich ist. Ich habe ein Buch über pathologische Lügner gelesen: *Der Soziopath von nebenan. Die Skrupellosen: ihre Lügen, Taktiken und Tricks.* Die Autorin Martha Stout hat mehr als 20 Jahre diese Art Mensch erforscht. Sie schrieb in ihrem Buch, es gäbe nur eine Möglichkeit, auf solche Menschen nicht hereinzufallen: Man müsse sie bereits seit vielen Jahre kennen. Das erscheint mir als eine Menge verlorener Zeit und Energie. Ein viel schnellerer Weg – und einer, den ich von nun an jedes Mal beschreiten werde, wenn ich jemand Neues kennenlerne – besteht darin, meiner Führung durch Gott zu vertrauen.

Wenn ich vor Publikum spreche, zitiere ich regelmäßig dieses Bildnis: Für eine Ameise sieht ein Stein aus wie ein Berg; für einen ein Meter siebzig großen Menschen sieht ein Stein aus wie ein Stein. Und beide haben recht. Es ist nur eine Frage der Perspektive. Wenn Sie jemanden nach seiner Meinung fragen, dann erhalten Sie einfach seine Perspektive oder Darstellung. Selbst sehr erfolgreiche Menschen – und je erfolgreicher sie sind, desto häufiger tun sie dies – vertrauen ihrer Intuition.

Es gibt diese Momente, in denen Sie sämtliche Nachforschungen angestellt und sämtliche Fakten zusammengetragen haben. Sie haben sich mit Menschen beraten, die Sie kennen, deren Rat Sie trauen und folgen können. Sie wissen, dass Sie alles unternommen haben, um zur richtigen Entscheidung zu finden. Was Sie zu tun haben, liegt nun auf der Hand und scheint nur folgerichtig. Und dennoch bleibt da dieses Gefühl, dass das, was Sie vorhaben, nicht richtig ist oder nicht zur richtigen Zeit kommt. Ich denke, jeder, der dies liest, wird wissen, wovon ich spreche. Ich habe die Erfahrung gemacht, dass es für mich in dieser Situation das Beste ist, nicht die objektiv richtige Aktion zu ergreifen, sondern mich nach meiner Führung zu richten – selbst wenn ganz offensichtlich alle objektiven Fakten für die Aktion sprechen.

Nach vielen schwierigen Jahren wusste ich irgendwann, was ein Burnout-Syndrom ist. Ich wusste, dass ich eine Auszeit nehmen musste, um darüber nachzudenken, was ich erreichen und welche Richtung ich im Leben jetzt einschlagen wollte. Als ich bereit war, wieder in die Arbeitswelt einzutreten, fragte ich beim Meditieren, was nun kommen solle. Ich erhielt die Antwort, ich sollte mich bei Silent Unity bewerben, einem Gebetsdienst, den die Unity Church seit mehr als 100 Jahren anbietet. Die Mitarbeiter des Dienstes, die in drei Schichten mit jeweils 25 Kollegen arbeiten, halten sich für ihre Anrufer bereit, um mit ihnen zu beten. „Was bitte soll ich tun?", fragte ich mich, nachdem ich beim Meditieren diese Botschaft erhalten hatte. „Ich muss falsch gefragt haben", sagte ich mir, als ich meine Meditation beendet hatte. Nun, ich begab mich also wieder in die Meditation, fragte erneut und bekam die gleiche Antwort. Die Stimme sagte: „Du wirst diese Aufgabe mit größerer Begeisterung machen als jede andere Stelle, die du jemals hattest. Und du wirst sie nicht sehr lange übernehmen." Ich stellte weitere Fragen, bekam meine Antworten und schließlich verabschiedete sich meine Führung. Die Stimme sagte: „Geh und bewerbe dich für diesen Job, und dann erhältst du alle weiteren Antworten." Nun, ich tat nicht, was mir aufgetragen worden war. Meine Führung blieb mir hartnäckig auf den Fersen, was sie nur sehr selten tat. Sie ermahnte mich immer wieder: „Du bist noch nicht zu Silent Unity gegangen." Also meldete ich mich schließlich dort und wurde angenommen. Ich begann bei einem Einstiegsgehalt von 7,10 Dollar pro Stunde. Ich nahm einkommende Anrufe entgegen und begann jedes Gespräch mit den Worten: „Silent Unity, wofür dürfen wir mit Ihnen beten?" Ich liebte diesen Job über alles. Ich hatte nicht das Gefühl einen Job zu machen. Acht Monate, nachdem ich die Arbeit aufgenommen hatte, schrieb Unity eine Stelle für einen Leiter der Geschäftsentwicklung aus. Meine Führung sagte mir: „Bewirb dich für diese Stelle", was ich tat. Als ich mein letztes Vorstellungsgespräch mit Chris Jackson, dem Vizepräsident der Unity Church hatte, fragte er mich: „Ann, hat sich irgendjemand Ihren Lebenslauf angeschaut, als Sie sich für den Gebetsdienst beworben haben?" Ich antwortete: „Chris, meine Führung hat mir aufgetragen, mich dort zu bewerben, und jetzt hat mir meine Führung aufgetragen, mich um diese Stelle zu bewerben." Sie werden es erahnen, ich bekam die Stelle. Und über diese

Stelle gelangte ich zu meiner heutigen Tätigkeit, die meine echte Berufung darstellt. Ich unterhalte eine Praxis, in der ich Energieheilung und Business Coaching anbiete und mit Klienten aus der ganzen Welt arbeite. Es ist mir immer eine große Freude, mit meiner großen Gabe arbeiten zu dürfen. Ich empfinde große Demut, wenn ich daran denke, wie tiefgreifend Gott mein Leben und durch mich das Leben vieler anderer Menschen verändert hat.

Sie lernen Ihrer Führung zu vertrauen, indem Sie viel üben. Und die beste Möglichkeit zu üben, die ich kenne, ist das Meditieren. Die meisten Menschen meditieren nicht, weil sie offenbar das Geschnatter in ihrem Kopf nicht abstellen können. Ich habe die transzendentale Meditation vor etwa 25 Jahren erlernt und diesen Lernprozess als eine großartige Erfahrung erlebt. Heute bin ich dabei, eine CD zu erstellen, mit deren Hilfe Sie jedes Kopfgeschnatter reduzieren oder gar ganz abstellen und innerhalb von fünf Minuten Ihren Körper entspannen können.

Wenn Sie diese Zeilen lesen, wird meine CD bereits erhältlich sein. Wenn mein Kopf ruhig ist, ich in Frieden mit mir selber bin und mich nicht an bestimmte Ergebnisse klammere, erhalte ich die klarste Führung. Ich muss meine Erwartungen an die Führung loslassen können. Vor Jahren hatte ich das Gefühl, die Antworten selber zu erfinden, und auch heute noch fühlt es sich so an.

Der Unterschied ist nur, dass ich durch das Üben gelernt habe zu vertrauen. Ich habe gelernt, klare Fragen zu stellen. Wenn es mir also um etwas wirklich Wichtiges geht, mache ich mir Notizen und überarbeite sie, bis die Fragen wirklich klar sind. Nicht für alles Geld in den Händen von Bill Gates würde ich diese Fähigkeit aufgeben wollen. Wo stünde ich ohne sie? Ich würde mich fühlen wie ein steuerloses Schiff auf dem Wasser.

Wenn ich mit Klienten arbeite, kommen diese häufig mit ganz bestimmten Fragen zu mir, zum Beispiel soll ihr Leben nicht mehr so ein großer Kampf sein. In der Regel umfasst die Liste 20 bis 25 solcher Fragen. Die Arbeit mit meinen Klienten kann auf sehr unterschiedliche Art und

Weise verlaufen. Ich lasse dabei völlig los und vertraue darauf, dass Gott weit besser weiß, was zu tun ist und wann es zu tun ist, als ich das für meine Klienten jemals wissen könnte. Sehr häufig fragen mich meine Klienten: „Woher wussten Sie, wie das zu heilen sein würde?“ Sie sind überrascht, weil es eines ihrer wirklich großen Probleme war. Oder ein Klient sagt mir: „Sie haben die wirklich wichtigen Punkte getroffen, jeden einzelnen“.

Manchmal bekomme ich auch zu hören: „Das war der nächste Punkt auf meiner Liste.“ Ich sage ihnen: „Sie wissen es im selben Moment wie ich, wenn es mir über die Lippen kommt.“ Ich vertraue meiner Führung vor allem, wenn ich vor Publikum stehe, wenn ich lehre und heile, oder wenn ich im Einzelgespräch mit einem Klienten bin.

Alles geschieht wie selbstverständlich, weil ich jetzt schon seit mehr als zehn Jahren so arbeite. Ich arbeite mindestens zwei Stunden pro Tag daran, meine Arbeit zu perfektionieren, und häufig sind dies die zwei schönsten Stunden des Tages.

Meiner Führung zu vertrauen ist mittlerweile zu einer meiner wichtigsten Methoden geworden, die vielen Bremsschwellen im Leben zu entfernen. Ich habe gehört, dass der Gründer der berühmten Kaufhauskette Lord & Taylor sein Unternehmen eben so nannte, weil sein Nachname Taylor lautete und der Herr (engl.: Lord) seine Führung war. Schade, dass er als Erster auf diese Idee gekommen ist.

Ann Taylor, Gründerin und Präsidentin von Inner Healing, Inc. www.innerhealing.com.

Wunder geschehen immer wieder – ohne Ausnahme

Wunder geschehen immer wieder – sie werden zur Selbstverständlichkeit.

Die Tatsache, dass Sie hier sind, ist ein Wunder.

Wunder sind etwas, das sich jenseits des unmittelbaren Verständnisses ereignet. Sie zu erklären, nimmt ihnen nicht das Wunderbare. Wissenschaftler mögen Erklärungen dafür finden, was das Gras grün macht. Ihre Beschreibungen klingen logisch. Doch sie haben nur Wörter zusammengefügt, um rational zu erklären, was sie nicht begreifen können. Die Erklärung verbirgt das Wunder nicht. Halten Sie nach den Wundern Ausschau.

Verwirrung ist der wunderbare Zustand vor der Klarheit

Manchmal im Leben werden Sie sich völlig verwirrt fühlen. Das ist in Ordnung. Verwirrung ist der wunderbare Zustand kurz vor der Klarheit.

Je mehr Chaos um Sie herum, desto mehr Chaos in Ihnen

Eines der verschollenen Geheimnisse ist dieses: Je mehr Chaos in Ihren Räumen, desto mehr Chaos in Ihrem Kopf.

Misten Sie Ihre Schränke aus. Misten Sie Ihre Garage aus. Misten Sie Ihr Büro aus. Misten Sie Ihre Räume aus. Die Energie fließt, wenn Hindernisse entfernt werden. Durcheinander bedeutet Hindernisse.

Beauftragen Sie jemanden, Ihren Lebensbereich zu entrümpeln, wenn das nötig sein sollte. Oder rufen Sie einen kostenlosen Wohnungsauflösungsdienst an, der sich des Gerümpels in Ihren Wohnbereich annimmt.

Das nächtliche Zeitfenster ist Ihre Chance, etwas zu bestellen

Die wenigsten wissen, dass Sie, wenn Sie nachts in den Schlaf gleiten, eins werden mit der Energie all dessen, was uns umgibt – beziehungsweise mit dem Universum, wie einige es nennen. Diese Zeit ist Ihre Chance, sich etwas zu wünschen oder etwas zu bestellen, und das Universum wird beginnen, es zu erfüllen.

Wünschen Sie sich also etwas, wenn Sie sich abends ins Bett legen.

Wünschen Sie sich, was immer Sie wollen. Am besten etwas, das Sie lächeln lässt. Wünschen Sie sich etwas für sich oder für andere.

Aber wünschen Sie sich etwas.

Und lassen Sie sich dann in den Schlaf gleiten, lächelnd, vertrauensvoll und wissend, dass es so sein wird.

Heißen Sie Geister willkommen

Ich wurde in meinem Leben von drei Geistern heimgesucht. Der dritte erschien erst vergangenen Monat. Ich weiß zwar nie, weshalb sie sich ausgerechnet mich aussuchen, aber die Begegnung führt meist zu einem kurzen Intermezzo von Ruhm und Reichtum. Vielleicht wird es diesmal auch nicht anders sein.

Der erste Geist suchte mich 1989 auf. Ich las gerade das in der Werbebranche berühmte Buch *The Robert Collier Letter Book* und stieß auf den Namen Bruce Barton. Ich bin sicher, Tausende anderer Leser haben dasselbe Buch gelesen, haben denselben Namen gesehen, aber machten nicht dieselbe Erfahrung wie ich.

Mir lief es eiskalt den Rücken hinunter. Etwas in mir erwachte. Ich begab mich auf eine zweijährige Suche nach allem, was ich über diesen mittlerweile vergessenen Genie der Werbebranche und Bestsellerautor in Erfahrung bringen konnte.

Das Ergebnis dieser Suche was mein Buch: *The Seven Lost Secrets of Success.* Mittlerweile ist es in elfter Auflage erschienen. Jemand kaufte gleich 19.500 Exemplare und schenkte jedem Mitarbeiter seiner Firma eines. Der Geist Bartons brachte mich dazu, dieses Buch zu schreiben. Es hat Menschen auf der ganzen Welt berührt und tut dies auch heute noch. Doch Bruce Barton war nur der erste Geist.

Der zweite Geist war P.T. Barnum. Der berühmte Schausteller und Zirkuspionier erschien mir, als ich seine Autobiographie las. Das führte mich auf die Suche nach seinen Geschäftsgeheimnissen. Ein Jahr später schrieb ich das Buch: *There's a Customer Born Every Minute.* Ein weiteres Ergebnis dieser Begegnung war meine bei Nightingale-Conant erschienene Audio-Reihe: *The Power of Outrageous Marketing.* Die Audio-Reihe ist bereits seit fünf Jahren ein Bestseller.

Der dritte Geist erschien mir vergangenen Monat. Ich bin schon seit mehr als zehn Jahren ein großer Fan von Neville Goddard, dem Autor verschiedener mystischer Bücher. Ich habe sogar in meinem letzten Buch, *The Attractor Factor*, von ihm gesprochen und ihn zitiert. Ich habe selbst einen der im Buch beschriebenen Schritte, das gefühlte Manifestieren, nach Neville benannt: Sie „nevillieren“ ein Ziel, indem Sie sich bewusst in das Gefühl begeben, dieses Ziel schon erreicht zu haben. Aber anscheinend hat das Neville nicht gereicht.

Vor ein paar Wochen habe ich in einer großen Zeitschrift einen Artikel über ihn gefunden. Das rief mein Interesse an diesem Mystiker aus Barbados wieder wach. Ich suchte und fand einige seiner Audio-Aufzeichnungen. Es handelte sich um Aufzeichnungen von Reden, die er in den 50er- und 60er-Jahren hielt. Ich stieß auf einen Mann, der sämtliche bekannten Aufzeichnungen von Neville besaß. Ich kaufte ihm alle 106 Aufzeichnungen ab. Es war, als spräche Neville zu mir, als ich mir die Bänder anhörte.

Dann fand ich fünf Lektionen, die Neville im Jahre 1948 lehrte. Es handelte sich um sehr seltene Dokumente. Es geht darin um praktische Metaphysik und wie wir Herzenswünsche wahr werden lassen können. Sie sind pures Gold. Ich genoss den Umstand, dass ich auf wundersame Weise zu diesen Lehren geführt worden war. Doch dann, als ich sie durchlas, geschah etwas sehr Überraschendes.

Neville sprach davon, dass er ein Schiff finden müsse, das ihn zurück in sein Heimatland bringen würde. Der Name dieses Schiffes, erklärte er, sei *Nerissa.* Ich hatte diesen Namen zuvor nur ein einziges Mal gehört. Es ist der Name meiner geliebten Partnerin, mit der ich seit bereits sechs Jahren ein gemeinsames Leben führe. Sehr merkwürdig. Aber die geisterhaften Ereignisse hörten damit nicht auf.

In derselben Woche, in der ich die seltenen Lehren gefunden hatte, versteigerte jemand fünf Bücher Nevilles unter Ebay. Alle fünf waren Erstauflagen in perfektem Zustand und von Neville signiert. Neville bei Ebay war schon merkwürdig genug. Dass es sich um gleich fünf handsignierte Bücher handelte, war noch erstaunlicher. Natürlich habe ich alle fünf gekauft. Aber das Abenteuer hörte auch hier nicht auf.

Ein paar Tage später erhielt ich Nachricht von Ebay, dass gerade ein weiterer Titel von Neville zur Auktion freigegeben worden war. Ich schaute nach und wollte nicht glauben, was ich sah. Es handelte sich um die Originalveröffentlichung des Vortragsskripts der von mir bereits entdeckten Vorlesungen von 1948 – und das Dokument war signiert.

Dann, ein paar Tage später, wurde ein weiteres Objekt von Neville unter Ebay eingestellt. Dieses erwies sich als ein wahrlich seltenes Buch aus dem Jahr 1939 mit dem Titel: *At Your Command.* Ich hatte nie zuvor davon gehört. Offenbar ging es anderen Neville-Fans nicht anders. Denn diese hatten sich zwar bislang nicht gerührt, kamen aber bei diesem Titel nun in Wallung. An nur einem Tag kletterte der Preis für dieses kleine Juwel auf 500 Dollar. Natürlich war ich entschlossen, mir das Buch nicht durch die Finger schlüpfen zu lassen. Ich gab ein Gebot von 1.500 Dollar ab und ersteigerte es schließlich für 515 Dollar.

War dieses Buch das wirklich wert? Ich setzte es ein, um mir ein neues Auto magisch anzuziehen: Ein neuer BMW 645Ci wird derzeit für mich in Deutschland zusammengebaut. Als ob nicht der Besuch von Geistern in meinem Leben schon befremdlich genug war. Jetzt war ich auch noch bereit, 515 Dollar für ein kleines Buch zu bezahlen, das meine Kräfte schärfte und mir meine Wünsche zu manifestieren half – nämlich in diesem Fall einen 90.000 Dollar teuren Luxus-Sportwagen.

Das wurde langsam unheimlich. Die Ereignisse erinnerten mich an meine Erfahrungen mit Bruce Barton und P.T. Barnum. Ich habe keine Ahnung, ob die Geister dieser großartigen Männer mich tatsächlich kontaktierten oder nicht, aber ich muss gestehen, dass die Synchronizität der Ereignisse, die mich dazu führte, meine Bücher zu schreiben, schon sehr erstaunlich war. Kein Wunder, dass ich ein großer Fan von Rod Serling war, den ich als Teenager kennengelernt habe. Ich *lebe* die *Twilight Zone*.*

Ich bin nicht sicher, weshalb Neville Kontakt zu mir aufnimmt. Vielleicht will er einfach nur seine Botschaft noch einmal entstauben und einem neuen Publikum präsentieren (also Ihnen). Jedenfalls wird er mir heute Abend oder morgen seine Nachricht zukommen lassen. Und ich weiß, dass er seine Ideen gerne veröffentlicht sehen würde, also habe ich einige davon im Internet unter: www.AttractANewCar.com zugänglich gemacht.

Doch gibt es hier eine noch größere Lektion zu entdecken. Die Freude am Leben liegt darin, der Freude nachzugehen. Was ich damit meine,

---

* Anm. d. Übers.: Rod Serling war TV-Produzent und sechsfacher Emmy-Preisträger. Er produzierte unter anderem die Fernsehserie Twilight Zone, die zahlreiche Mystery- und Science-Fiction-Elemente enthielt und in den USA zwischen 1959 und 1965 ausgestrahlt wurde. Nach Deutschland kam die Serie ab 1961 unter dem Titel „Unwahrscheinliche Geschichten". Serling, der nicht nur zahlreiche Drehbücher dieser Serie selbst geschrieben, sondern die Sendung auch moderiert hat, bezeichnete die Twilight Zone als die „fünfte Dimension der Fantasie".

ist, dass die Frage, ob ein neues Buch entsteht oder nicht, wenn ich diesen Zufällen Beachtung schenke, längst nicht so entscheidend ist, wie das Abenteuer, diesen Hinweisen nachzugehen. Das Abenteuer ist die Reise, weniger die Ankunft. Eine Ankunft ist schlicht und einfach eine Pause, bevor die nächste Reise beginnt.

Reagieren Sie auf die Impulse, die Sie erhalten, selbst, wenn Sie keinerlei Vorstellung haben, wohin Sie diese führen werden? Wenn ja, dann werden Sie Ihr Leben sehr aufregend finden. Und vielleicht sogar ein, zwei Geister treffen.

Streben Sie nicht nach Perfektion

Das Streben nach Perfektion wird Sie daran hindern, ein Leben lang Neues zu erreichen. Machen Sie sich heute bewusst, dass die *Perfektion* ein sehr relativer Begriff ist. Was in Ihren Augen perfekt erscheinen mag, kann sich in den Augen eines anderen als fehlerhaft erweisen. Was wiederum ihm perfekt erscheint, mögen Sie als lächerlich empfinden. Es ist alles eine Frage der persönlichen Meinung.

Geben Sie Ihr Bestes und lassen Sie die Dinge anschließend wieder los. Die Geschichte wird beurteilen, was Sie erschaffen haben. Und für die überwiegende Mehrheit unter uns wird gelten: Die Geschichte wird uns vergeben und vergessen.

Genießen Sie die Reise.

Es ist alles perfekt, so wie es ist.

Alles ist gut.

Perfekt, so wie es ist

JOHN BURTON

Ich habe mehrere Jahrzehnte meines Lebens benötigt, um zu verstehen, dass im Leben nichts perfekt ist, außer alles. Lassen Sie mich das erklären. Jahrelang habe ich unter einer mentalen Beeinträchtigung gelitten, die ich dyslektische Logik nenne, das heißt, ich habe regelmäßig Ursache und Wirkung miteinander verwechselt. Ja, im Grunde ist mir klar geworden, dass es so etwas wie eine Ursache gar nicht gibt – aber davon ein andermal mehr. Über Jahre hinweg war ich der Meinung, wie so viele andere Menschen auch, dass ich mich auf bestimmte Weise verhalten oder ein bestimmtes Erfolgsniveau erreichen müsse, um ein gutes Selbstwertgefühl zu erlangen. Ich war der Überzeugung, dass ich, um dieses nagende Gefühl der Minderwertigkeit oder Imperfektion abschütteln zu können, schlicht und einfach perfekte Entscheidungen treffen und mich perfekt benehmen müsse. Zumindest – da war ich mir sicher – würde als zeitweiliges Nebenprodukt dieser perfekten Verhaltensweisen ein gutes Selbstwertgefühl abfallen. Die Jagd war eröffnet. Natürlich war das Ausmaß des Erfolgs deprimierend unzuverlässig, was wiederum das Gefühl von mangelndem Selbstwert nur verschärfte und mich nur zu noch größeren Anstrengungen anspornte.

Nachdem ich diese Jagd nach einem besseren Selbstwertgefühl jahrelang mitgemacht, mich diesem qualvollen Selbstbehauptungskampf hingegeben und zahlreiche Freunde, Bücher und Fachleute befragt hatte, erfuhr ich eine Art Läuterung. Mir wurde bewusst, dass Selbstwert tatsächlich vor jedem Gedanken und vor jeder Handlung steht. Mit dieser Einsicht änderte sich alles. Jetzt ging ich daran, unzählige Überzeugungen über mich, das Leben und andere umzubauen. Es war kein Paradigmenwechsel, vielmehr die Ausweitung eines Paradigmas. Eine Bewusstseinserweiterung, so, als ob ein Schleier gelüftet wurde, der über meinem Bewusstsein gelegen hatte. Zu wissen, dass mein Selbstwert schon vor jedem Gedanken und vor jeder Handlung steht, macht das Bedürfnis nach Perfektion überflüssig, denn ich, Sie und jeder andere ist von Beginn seines Lebens an gut und wertvoll. Ich wünschte, ich hätte das schon vor langer Zeit gewusst. Ich stelle mir vor, welche verschiedenen Möglichkeiten ich im Leben gehabt hätte, und doch nimmt mein Wissen um und die Erfahrung dieses bereits immer schon vorhandenen Selbstwerts auch einen Teil meines Bedauerns.

Betrachten Sie den Mond am Himmel als eine Analogie zu diesem allzeit gegenwärtigen Selbstwert. In der einen Nacht blicken Sie in den Sternenhimmel und erkennen nicht mehr als eine schmale Mondsichel. In der nächsten Woche blicken Sie in denselben Sternenhimmel und erblicken dort vielleicht schon einen halben Mond. Und irgendwann leuchtet dann der volle Mond auf Sie herab. Wenn Sie es also nicht besser wüssten, würden Sie schwören können, dass der Mond im Wechsel der Monate schrumpft und wächst. Aber Sie wissen sehr gut, dass der Mond Nacht für Nacht die immer gleiche Größe behält. Nur der Teil des Mondes, der im Licht der Sonne steht, variiert. Doch der Mond selber bleibt der gleiche. Genau so verhält es sich bei Ihnen und Ihrem Selbstwert. Das Einzige, das sich ändert, ist Ihr Bewusstsein für den eigenen Selbstwert.

Ich bin nicht, und niemand ist perfekt, und doch sind wir alle perfekt geschaffen. Unser ganzes Wesen entspringt und besteht aus Werthaftigkeit. Wir könnten andernfalls gar nicht existieren. Dies zu wissen, zu fühlen, und dies täglich bestätigt zu sehen, vergegenwärtigt mir, dass ich einen beständigen und unwiderruflichen Wert besitze. Ich kann meinen Wert nach Belieben einsetzen, ohne dass er dadurch Schaden nehmen könnte. Viele, wenn nicht alle der falschen Entscheidungen im Leben, der eigenen Entwertungen und der Entwertungen anderer entspringen dem Irrglauben, dass wir unseren Wert verlieren könnten oder bereits verloren haben. Wenn Sie Ihren Selbstwert bekräftigen, bevor Sie irgendeine Handlung ergreifen, dann gelangen Sie wie von selbst zu konstruktiven Entscheidungen. Mir ist bewusst geworden, dass ich, Sie, jeder Baum und jeder Grashalm und jeder Regentropfen und jede Schneeflocke bereits perfekt sind, so wie sie sind.

In Bearbeitung übernommen aus dem unveröffentlichten Manuskript von Dr. paed. John Burton: „The Myth of Original Sin; Remembering Aboriginal Unity".

Wie Sie sich fühlen, ist wichtig

MANDY EVANS

Die meisten Menschen wollen sich schlicht und einfach um ihre Gefühle nicht kümmern. Sie wollen sie nicht fühlen. Sie wollen nicht über sie sprechen. Meist wünschen sie sich nur, sie würden einfach wieder verschwinden.

Kein Wunder. Wenn Sie als menschliches Wesen auf dem Planeten Erde aufgewachsen sind, dann werden Sie wahrscheinlich schon in frühen Jahren gelernt haben, dass Sie sich ziemlich schnell Ärger einhandeln, wenn Sie Ihren Gefühlen Ausdruck verleihen. Sind Sie jemals in der zweiten Klasse kreischend, lachend und vor Freude hüpfend durch den Raum gerannt? Oder zuhause beim Essen um den Tisch herum?

Spätestens ab der dritten Klasse haben die meisten von uns verstanden, dass es sich nicht auszahlt, dem Lehrer unseren Ärger zu zeigen, oder den anderen unseren Kummer, wenn wir in der Pause irgendwo nicht mitspielen dürfen, oder unsere Verzweiflung, wenn wir ausführliche Divisionsrechnungen immer noch nicht begriffen haben. Wir haben gelernt, unsere Gefühle zu verstecken, zu überwinden, zu unterdrücken, zu verdrängen und auf jede erdenkliche Weise abzutöten, selbst wenn wir dafür Unmengen Alkohol, Drogen oder stundenlangen, sinnlosen Fernsehkonsum benötigen. Mit jedem Tag lernen wir neue Regeln, welches emotionale Verhalten angebracht ist und welches nicht, und bleiben im Gegenzug mit immer weniger emotionaler Freiheit zurück.

Gleichwohl können wir unsere Gefühle nicht abstellen. In der ersten Hälfte meines Lebens glaubte ich, das wirkungsvollste Mittel, meine Gefühle zu ändern sei, meine Lebensumstände zu ändern. Die meisten Menschen, die ich kenne, haben ebenfalls genau diesen Ansatz gelernt. Und so beginnen wir jenen endlosen Kampf, jedes und alles verbessern zu wollen ... Nimm ab, verdiene mehr, besorge dir ein besseres Auto, finde die echte Liebe, werde deine ehemalige echte Liebe endlich los, ziehe in ein größeres Haus.

Hier ist die Lektion, die ich glaube, jeder schon früh lernen sollte: Wie Sie sich fühlen, ist wichtig. Wie Sie sich fühlen, entscheiden Sie.

Immer, bevor Sie, in der Hoffnung sich dadurch besser zu fühlen, eine große Veränderung in Ihrem Leben vornehmen, sollten Sie sich zuerst um Ihre Gefühle kümmern. Klären Sie Ihren Zorn, bevor Sie, aufgebracht vor Wut, Ihren Job oder Ihren Ehepartner verlassen. Worum geht es dabei? Weshalb fühlen Sie sich so? Kümmern Sie sich um Ihre Gefühle, bevor Sie Diät machen, die Stadt verlassen, ein neues Auto kaufen oder heiraten, damit Sie Ihre emotionalen Lasten loswerden können. Vielleicht wollen Sie dann immer noch abnehmen, dieses Auto kaufen oder ein neues Abenteuer beginnen – doch es wird dann eine ganz andere Erfahrung sein mit ganz anderem Ergebnis.

Denn ob es uns gefällt oder nicht, Gefühle sind der Treibstoff jeglicher Manifestation. Das erzählen uns Menschen, die mit der Hilfe von Visualisierungstechniken lebensbedrohliche Krankheiten überwinden. Und die bestbezahlten Motivationstrainer haben alle diese eine Botschaft: Was immer Sie erreichen wollen, Sie müssen es zuerst fühlen.

Dieses geheimnisvolle Gesetz des Universums funktioniert, egal ob Sie sich dessen bewusst sind, egal ob Sie daran glauben. Ganz gleich, ob Sie es sich bewusst machen oder nicht: Ihr emotionaler Zustand hat immer und wird immer tiefgreifende Auswirkungen darauf haben, was als Nächstes in Ihrem Leben geschieht.

Wenn Sie ängstlich sind, werden Sie die Entscheidungen, die Sie treffen, und die Schritte, die Sie unternehmen, in eine ganz andere Richtung führen, als wenn Sie glücklich sind. Wenn Sie sich schuldig fühlen, wird die Lösung eines Problems nicht dieselbe sein, wie wenn Sie mit sich im Reinen sind.

Gefühle sind manchmal tatsächlich Ursachen. Gefühle beeinflussen Ereignisse.

Dinge zu erhalten, zu machen, zu haben, ist schön. Ruhm, Wohlstand und Schönheit gehören zu den beliebtesten Dinge-die-ich-kriegen-will-Zielen. Gleichwohl gibt es keine nennenswerte Korrelation zwischen Dinge-Kriegen und dem Glück, das Hollywood, Wall Street oder Madison Avenue angeblich produzieren können.

Jeder von uns kennt Menschen, die sich durch außergewöhnliche Talente, überdurchschnittlichen finanziellen Erfolg, ungewöhnliche Schönheit oder große Taten hervortun, die jedoch nicht glücklich sind.

Das Verrückte daran ist, dass sie gar nicht glücklich sein wollen – noch nicht! Denn sie wissen gar nicht, dass Glücklichsein eine echte Option für sie ist, und sie wissen nicht, wie sie sich dafür entscheiden könnten.

Ihr emotionales Erleben des Lebens ist so wichtig. Wenn wir uns neugierig, dankbar, liebend oder einfach glücklich fühlen, erscheint das Leben als ein so kostbares Geschenk. Aber wenn Sie sich vor Schuld- und Angstgefühlen grämen, wenn Sie so wütend sind, dass keine Liebe mehr Ihr Herz erreicht, oder so nachtragend, dass Freude nur noch ein irritierendes Wort bleibt, dann ist das Leben eher wie die Hölle auf Erden. Wozu brauchen Sie Ruhm, Wohlstand und Schönheit in der Hölle?

Während wir so durch dieses Paradies namens Erde wandeln, kombinieren wir die Wahrnehmung dessen, was uns widerfährt, mit unseren Erklärungen und unseren Ansichten über den Sinn des Lebens. Diese sich stetig wandelnde Kombination sorgt für emotionale Rückmeldungen. Wenn wir Ereignisse und Umstände als für uns günstig wahrnehmen, reagieren wir in der Regel mit einer Art Freude. Wenn wir glauben, dass sich schlechte Dinge ereignen, antworten wir meistens mit Ärger, Angst, Schuldgefühlen, Trauer und anderen sogenannten negativen Emotionen.

Was geschieht, wenn Sie diese Beurteilung der Dinge einstellen? Wenn das Leben ein faszinierendes Mysterium wird, das sich inmitten unendlicher Möglichkeiten entfaltet, dann werden Sie immer freier, sich Ihre eigenen Gefühle *auszusuchen.* Sie können mehr Liebe, Kreativität und Freude in Ihr Leben lassen, als sich je hätten träumen lassen. Fragen Sie sich einfach von Zeit zu Zeit: „Wenn ich mich fühlen könnte, wie ich wollte, wie würde ich mich fühlen wollen?" Sie könnten auf Antworten stoßen, die Sie erstaunen werden.

Indem Sie Ihre emotionalen Optionen ausüben, geben Sie sich die Möglichkeit, das Leben auf denkbar reale Art und Weise nach eigenem Gutdünken zu erfahren. Es ist wie Magie. Sie können die Ergebnisse zuerst schaffen. Sie können schon glücklich sein, noch bevor Sie alle die Dinge geändert haben, die Sie ändern wollen.

Mandy Evans ist die Verfasserin von „Emotional Options – A Handbook for Happiness" und von „Traveling Free – How to Recover from the Past by Changing Your Beliefs." Weiterführende Informationen über ihre Arbeit und einen kostenlosen Test Ihrer Überzeugungen finden Sie unter: www.mandyevans.com.

Vergebung

JEREMY LIKNESS

Ein Geschenk, das ich in meinem Leben gerne früher erhalten hätte, ist das Wissen um Vergebung.

Über weite Teile meines Lebens habe ich rostige Anker mit mir herumgeschleppt. Es ist schwer voranzukommen, wenn wir Bitterkeit in uns tragen. Heute kann ich über jene Zeiten lachen, in denen ich meinen Groll pflegte. Ich konnte in meinen vergifteten Gedanken buchstäblich baden. Heute weiß ich, dass diese Gedanken keinerlei Konsequenzen für diejenigen hatten, auf die ich einen Groll empfand. Es hat sie kein Stück gestört. Mich aber hielten diese Gedanken zurück und hinderten mich, das Beste aus mir herauszuholen.

Bei Vergebung geht es nicht nur um die Mitmenschen. Manchmal tue ich mich auch schwer, den Dingen um mich herum zu vergeben. Ich wachte früher häufig von Angst gepeinigt auf und war voller Wut auf das Universum. Den Tag im Kampf- oder Fluchtmodus zu beginnen, ist eine sehr anstrengende Art, in den Tag zu kommen. Entweder machte ich mir Sorgen wegen einer Rechnung, war wütend über einen Autounfall oder irgendetwas anderes geschah, das sich meines Einflusses entzog.

Als ich Vergebung fand, begriff ich schnell, dass Vergeben immer ein Prozess ist. Ich konnte nicht einfach nur sagen: „Ich vergebe", und dann loslassen. Viele meiner Anker, die ich mit mir herumzog, saßen tief in meinem Innersten fest. Ich musste mich also ständig daran erinnern, sie über Bord zu werfen. Ich sagte also: „Ich vergebe dir und entlasse dich", und stellte mir dabei das Gesicht desjenigen vor, auf den ich wütend war. Es war ein großartiges Gefühl. Die anderen lebten ohnehin ihr Leben, aber auch ich war jetzt frei, das meine zu leben.

Mein nächster Schritt bestand darin, der Welt um mich herum zu vergeben. Ich hörte plötzlich auf, dem Universum die Schuld für mein Unglück zu geben. Verkehrsstaus kommen vor. Regen kommt vor. All das ist Teil des Lebens. Als ich mit dem Universum Freundschaft schloss (indem ich meinen Groll begrub), erwiderte das Universum meine Geste, indem es mir Überfluss schenkte. An diesem Punkt begann ich, mehr über den Erfolg zu lernen. Der Erfolg meidet egoistische Menschen.

Nicht zu vergeben, ist ein sehr egoistischer Akt. (Wenn Sie glauben, viel Geld zu haben bedeute Erfolg, dann suchen Sie sich einen reichen Menschen, der nicht weiß, wie man vergibt. Wahrscheinlich werden Sie entdecken, dass sein Reichtum für ihn nichts weiter bedeutet als kostspieliges Unglück.)

Dann, bei all meinem Vergeben, stolperte ich über das größte Geschenk von allen. Ich vergab mir selber! Ich begriff, dass ich mich selber lieben und mir selber dafür vergeben konnte, nicht perfekt zu sein. Ich war immer mein eigener Feind gewesen. Heute genieße ich das Leben und erhalte so unendlich mehr – insbesondere jetzt, da ich sogar mit dem Bild, auf das ich im Spiegel treffe, Freundschaft geschlossen habe.

Jeremy Likness arbeitet als Gesundheits- und Motivationstrainer und als Autor. Während er 60 Pfund Übergewicht abbaute, lernte Jeremy sich selber zu vergeben. Jeremy begann dann, als geprüfter Fitnesstrainer und als Ernährungsexperte für Sportler zu arbeiten. Er hat sich darauf spezialisiert, anderen dabei zu helfen, Gedanken loszulassen, die für Übergewicht und Fettsucht sorgen. Weitere Informationen unter: www.NaturalPhysiques.com.

Logik gibt es nicht

Logik gibt es nicht. Was wir Logik nennen, ist einfaches Rationalisieren. Denn schließlich erscheint die absolut logische Begründung des einen dem anderen häufig als barer Unfug. Würde es so etwas wie Logik geben, dann wären wir alle einer Meinung. Sind wir aber nicht. Wir kaufen nicht dieselben Autos, nicht dieselbe Kleidung, nicht dieselben Häuser und wir wählen nicht dieselben Politiker und haben nicht dieselbe Philosophie im Leben. Und dennoch haben wir absolut logische Gründe für alles, was wir tun, sagen und glauben.

Auch mit dem Geben verhält es sich so. Das Geben trotzt der Logik. Wenn Sie etwas geben, verbinden Sie sich mit einem höheren spirituellen Gesetz. Sie müssen nichts weiter tun als zu geben, zu warten und entgegenzunehmen. Das mag befremdlich klingen. Wie gesagt, es ist nicht logisch. Es ist intuitiv. Es ist spirituell. Es entspricht der Art und Weise, wie das Universum funktioniert. Alles, was Sie tun müssen, ist zur Seite zu treten und die Dinge köcheln zu lassen.

Lassen Sie mich diesen Punkt anhand einer Geschichte verdeutlichen: Jemand las eines meiner letzten Bücher, *The Greatest Money-Making Secret in History,* und beschloss, es mit dem Geben zu versuchen. Er sah eine Hifi-Anlage, die ein Freund sich wünschte. Er kaufte sie. Er gab sie seinem Freund. Er hatte eine gute Tat getan. Die Geschichte hätte hier enden können. Aber dieser großzügige Mann erhielt anschließend einen Auftrag im Wert von über 117.000 Dollar.

Wie ist das möglich?

Es ist unmöglich, solange Sie dieses Ereignis unter rein logischen Aspekten betrachten. Ein vernünftiger Mensch würde den Akt des Gebens betrachten und sagen, es habe mit dem Bekommen gar nichts zu tun.

Aber wie wäre es, wenn Sie die Logik über Bord würfen?

Nehmen Sie ein anderes Beispiel: Jemand anderes hatte mein Buch gelesen, und begann zu geben. Er schrieb mir und berichtete Folgendes: „Mein wöchentliches Einkommen ist in der vergangenen Woche um 113 Prozent gestiegen. Finanziell gesehen war die vergangene Woche die bislang beste Woche in diesem Jahr. Von überall her haben mich neue Kunden angerufen. Nie zuvor hatte ich so viele neue Kunden in einer Woche."

War sein Akt des Gebens die Ursache für diesen Anstieg?

Sicher war er das! Wie gesagt, diese Zusammenhänge trotzen der Logik. Zumindest der menschlichen Logik trotzen sie. Wir haben uns so sehr daran gewöhnt, zu geben und die Hand erwartungsvoll auszustrecken, dass wir glauben, wer ohne eine Gegenleistung zu erwarten gibt, auch keine Gegenleistung erhalten wird. Nun ja, das ist unsere logische Begründung. Aber es entspricht nicht den Tatsachen. Jedenfalls nicht im echten Leben. Jedenfalls nicht hier auf unserem Planeten Erde. Wenn Sie etwas von sich hergeben, erhalten Sie etwas zurück. Punkt.

Was wirklich von Ihnen erwartet wird, wenn Sie geben, ist Vertrauen. Ich trage einen antiken römischen Goldring an meiner Hand. Schätzungen zufolge ist er 2.500 Jahre alt. In einer Gravur ist „Fidem“ zu lesen, das lateinische Wort für „Vertrauen“. Der Ring erinnert mich daran, darauf zu vertrauen, dass ich etwas zurückerhalten werde, wenn ich etwas gebe. Irgendwann, irgendwie von irgendwem werde ich etwas zurückerhalten. Alles, was ich zu tun habe, ist, dieses Prinzip zu üben.

Es ist das größte Geheimnis des Geldverdienens der Geschichte.

Es ist halt nur nicht logisch.

Wie man eine Entscheidung trifft

Die wenigsten wissen das, aber wenn Sie sich nicht entscheiden können, ist jede Entscheidung zulässig.

Der ganze Trick besteht darin, die Entscheidung deshalb als richtig zu betrachten, weil Sie sie getroffen haben.

Mit anderen Worten, wenn Sie zwischen zwei möglichen Wegen hin- und hergerissen sind, dann entscheiden Sie sich für den einen und machen ihn zur richtigen Entscheidung.

Mit Blick auf den großen Lauf der Dinge macht es keinen Unterschied, für was Sie sich entscheiden. Wenn Sie nicht so gut erkennen können, wohin die Straße führt, und daher nicht wissen, welche Entscheidung die richtige ist, dann kann Ihnen niemand vorwerfen, die falsche Entscheidung getroffen zu haben.

Wenn es hart auf hart kommt, können Sie natürlich immer noch eine Münze werfen.

Sie werden immer recht haben wollen, aber nur selten recht haben

Im Verlaufe Ihres Lebens werden Sie immer wieder beobachten können, wie Menschen lügen, stehlen, betrügen und vielleicht sogar töten, nur um recht zu behalten. Das steckt tief drin in unseren Überlebensstrategien. Die ganze Wahrheit aber ist, das wir diese Strategien nicht mehr benötigen.

Was Sie dagegen im Leben benötigen, ist, uns alles aufzuschreiben, was im Leben funktioniert und was nicht funktioniert. Versuchen Sie, so gut Sie können, das Recht-Haben-Wollen zu ignorieren, und sich stattdessen auf Ihre Ziele zu konzentrieren. Seien Sie bereit, Gewohnheiten und alte Wesenszüge gegen neue Gewohnheiten und neue Wesenszüge einzutauschen, um zu den gewünschten Zielen zu gelangen.

Anders gesagt: Sie werden immer versuchen, mit Ihrer Argumentation recht zu behalten. Doch selbst wenn Ihr Gegenüber nicht mehr argumentieren mag, wird er Ihren Standpunkt immer noch als falsch erachten. Aus seiner Sicht hat er recht. Aus Ihrer Sicht haben Sie recht. Aus der Sicht des Universums haben Sie beide recht.

Wenn es Ihnen gelingt, das Recht-Haben-Wollen abzulegen, werden Sie mit Glück, Frieden und schnellen Erfolgen belohnt. Hab ich recht?

Nicht alles, was Sie hören, ist wahr

Glauben Sie nicht alles, was Sie hören. Wenn Sie etwas Positives über jemanden hören, dann nehmen Sie es an.

Wenn Sie etwas Negatives über jemanden hören, dann bleiben Sie ruhig. Beobachten Sie. Finden Sie die Wahrheit für sich selbst heraus.

Wenn Sie sich selbst im Zaume halten möchten, gebe ich Ihnen einen guten Tipp: Reden Sie immer über andere, so als ob sie im gleichen Raum wären und zuhören würden.

Mit dieser Methode wissen Sie immer sofort, was Sie sagen dürfen und was nicht.

Urteilen ist nicht böse

BRUCE M. BURNS

Ich habe von vielen Leuten gehört, dass sie nicht mehr urteilen wollten. So als ob das Urteilen etwas Böses sei. Es ist wichtig, zwischen Verurteilen (sich über jemand anderer Unzulänglichkeiten oder Unterschiedlichkeit zu belustigen) und Ablehnen zu differenzieren. Ein ablehnender Esser wählt sich – die eigene Gesundheit im Blick – ganz bestimmte, gesunde Nahrungsmittel aus. Salat zu essen hat nichts mit krankhaften Schwerkraftdefiziten zu tun, sondern mit dem bewussten Willen zum Selbsterhalt. Wer sich nicht in der Nähe von Rauchern und deren Rauch aufhalten will, geht auf Distanz. Doch ist eine solche Ablehnung, bei der es darum geht, rauchfrei zu bleiben, kein Urteil über Raucher – es ist die Demonstration der Zivilcourage, für sich selber entscheiden zu wollen.

Beleidigungen schmerzen

Ein englisches Sprichwort besagt: „Sticks and stones may break my bones but names will never hurt me“ (Stock und Stein mögen meine Knochen brechen, aber Worte werden mich niemals verletzen).

Das ist gelogen. In vielerlei Hinsicht schmerzen Beleidigungen viel mehr – und viel länger – als jeder Stock und jeder Stein.

Wer das Ende der Welt vorhersagt, steht schlecht da

Im Verlauf der Geschichte gab es immer wieder Stimmen, die das Ende der Welt kommen sahen. Aber alle haben sie sich getäuscht. Ausnahmslos. Nicht einer behielt recht.

Ein Wort an den Weisen: Auch wenn Sie hin und wieder das Gefühl beschleicht, die Welt wird untergehen, sie wird es nicht.

Anstatt sich also zum Untergangspropheten zu machen, was Ihnen weder Freunde noch Freude bringen wird, sollten Sie lieber durch Optimismus glänzen.

Machen Sie die Vorhersage, dass die Welt noch lang bestehen bleiben wird. Denn das wird sie. Zumindest Sie wird sie überdauern.

Die Zeit kennt nur die Gegenwart

Zeit ist eine Illusion. Auch wenn Sie dieses Konzept niemals ganz begreifen und akzeptieren können werden: Die Zeit kennt nur das Jetzt.

Die Vergangenheit ist vergangen. Ihre Erinnerung an sie findet im Jetzt statt, zudem ist sie unpräzise.

Doch die Vergangenheit selber ist vorbei. Die Zukunft hat noch nicht stattgefunden, und wenn sie da ist, findet Sie im Jetzt statt.

Alles, was zuvor passiert ist, und alles, was noch passieren wird, ist Illusion. Das Einzige, worauf es ankommt, das real ist, ist das Jetzt.

Wozu ist es an der Zeit?

Ich habe neulich das Buch *The Architecture of All Abundance* von Lenedra Carroll, der Mutter der Sängerin und Liedermacherin Jewel Kilcher, gelesen. Sie rät uns, zu fragen: „Wozu ist es an der Zeit?"

Gemeint ist: Was wartet gerade jetzt darauf, von uns getan zu werden?

Was steht an, was passt genau jetzt, was steht kurz vor dem Schlüpfen?

Drängen Sie nicht darauf, dass etwas Bestimmtes passieren müsse. Schauen Sie sich lieber danach um, was getan werden will.

Wozu ist es an der Zeit?

Die meisten Dinge renken sich
mit der Zeit von alleine ein.

– Larry Andrews

OPTIMALE PERFORMANCE

Das Beste aus Ihrem Leben machen

Indianische Weisheit: Zwei Wölfe

Ein in die Jahre gekommener Cherokee-Indianer unterrichtete seine zwei Enkelkinder. Er erzählte ihnen:

„In mir findet ein Kampf statt. Ein schrecklicher Kampf. Es ist der Kampf zwischen zwei Wölfen: Der eine Wolf steht für die Angst, für Ärger, Neid, Leid, Bedauern, Gier, Arroganz, Selbstmitleid, Schuldgefühle, Groll, Minderwertigkeitsgefühle, Lügen, falscher Stolz, Überlegenheit und Ego. Der andere steht für Freude, Frieden, Liebe, Hoffnung, Teilen, Friedfertigkeit, Demut, Freundlichkeit, Wohlwollen, Freundschaft, Empathie, Großzügigkeit, Wahrheitsliebe, Mitgefühl und Glaube. Derselbe Kampf findet auch in euch statt, und in jedem anderen Menschen."

Die Kinder überlegten eine Weile, dann fragte eines der beiden seinen Großvater:

„Und welcher Wolf wird gewinnen?"

Der alte Cherokee hatte eine schlichte Antwort: „Der, den du nährst."

Haben Sie keine Angst, um Hilfe zu bitten

Die meisten Menschen wollen alles alleine machen, denn so können sie stolz auf sich und ihre Ergebnisse sein. Doch selbst wenn Sie letztendlich alles alleine machen, ist es kein Zeichen der Schwäche, jemanden um Hilfe zu bitten. Großartige Menschen sind immer bereit, denjenigen Unterstützung zu bieten, die wachsen und sich zum Besseren entwickeln wollen, und dafür um Hilfe bitten. Ob Sie eine Wegbeschreibung oder einen Kredit brauchen – haben Sie keine Angst, um Hilfe zu bitten.

Um sich zu verändern, brechen Sie die Brücken ab

An irgendeinem Punkt in Ihrem Leben werden Sie sich entschließen, etwas verändern zu wollen, sei es, dass Sie das Rauchen aufgeben wollen (das Sie nie hätten anfangen sollen), oder das Trinken, oder das zu üppige Essen, oder egal was. Doch um tatsächlich Änderungen hervorzubringen, wird es nicht ausreichen zu sagen: „Ich will mich verändern." Es stimmt wohl, dieser Entschluss steht am Anfang des Prozesses. Doch wird er zugleich sein Ende sein, wenn Sie nicht auch den nächsten Schritt unternehmen.

Der nächste Schritt besteht darin, die Brücken hinter sich abzubrechen. Machen Sie es sich also unmöglich, zu einer alten Gewohnheit oder zu einem früheren Zustand zurückzufinden. Das kann beispielsweise heißen, dass Sie ein wirklich unangenehmes Szenario vorbereiten, für den Fall, dass Ihnen Ihr Vorhaben missrät. Sie können mit anderen Worten den Erfolgsdruck erhöhen, indem Sie beispielsweise versprechen, bis Ende des Sommers entweder zehn Kilo abgenommen zu haben oder andernfalls Ihr Auto einem Menschen oder einer Organisation zu vermachen, die Sie nicht mögen.

Die Moral hier lautet: Sie können sich selbst zu Veränderungen motivieren, indem Sie eine bewusste Entscheidung treffen und dabei den richtigen Erfolgsdruck ausüben. Schaffen Sie sich selbst eine Win-Win-Situation, in der Sie nicht versagen können, weil Sie die Brücken hinter sich abgebrochen haben.

Was tun, wenn Sie Angst haben

DR. LARINA KASE

Ich habe sowohl in meinem persönlichen Leben als auch in meiner Psychologieausbildung eine wichtige Lektion gelernt. Wenngleich ich sie eher zufällig gelernt habe, so funktioniert sie doch noch viel besser, wenn sie bewusst eingesetzt wird. Ich werde Ihnen davon berichten, damit Sie nach Möglichkeiten Ausschau halten können, Ängste abzubauen, mehr Freude zu verspüren und die Erfolgsaussichten Ihrer Unternehmungen zu verbessern.

Und das ist die Lektion: *Wann immer Sie Angst haben, sich unwohl, nervös oder besorgt fühlen, dann tun Sie genau das Gegenteil dessen, was Sie normalerweise tun würden.*

Angst ist eine der am stärksten verbreiteten menschlichen Emotionen. Jeder von uns kennt Dinge, vor denen er Angst hat. Viele Kinder haben Angst zur Schule zu gehen, fürchten sich vor Tieren oder trauen sich Dinge nicht zu, die sie zum ersten Mal machen sollen. Erwachsene fürchten sich häufig vor Publikum sprechen zu müssen, vor zwischenmenschlichen Konflikten, vor dem Fliegen oder vor einer ganzen Reihe anderer Dinge, die sie als bedrohlich oder sehr unangenehm empfinden.

Üblicherweise reagieren wir auf Angst, indem wir sie zu reduzieren versuchen. Wenn Ihr Kind Angst hat, werden Sie ganz selbstverständlich versuchen wollen, ihm seine Angst zu nehmen. Durch diesen Prozess lernen die Menschen, nach Möglichkeit jede Angst zu vermeiden. Obgleich dies also unsere natürliche Reaktion ist, ist es auch die am wenigsten hilfreiche Reaktion.

Je mehr Sie die Erfahrung von Angst zu vermeiden suchen, desto mehr wird über die Zeit Ihr Unbehagen wachsen. Sie werden zunehmend bemüht sein, sich Ihren Ängsten nicht mehr stellen zu müssen. Und weil Sie sich zusehends auf ein Ihnen vertrautes Terrain zurückziehen, werden Sie letztlich an vielen wichtigen Aktivitäten nicht mehr teilnehmen. Sie nehmen sich zudem die Gelegenheit zu lernen, dass Ängste wie von selbst verschwinden, wenn Sie das Gefühl von Angst zulassen.

Meine Botschaft an Sie lautet daher: Bemühen Sie sich, gewohnte Gefilde zu verlassen, an die Sie sich vielleicht schon zu sehr gewöhnt haben. Jenseits dieser Grenzen werden Sie den Raum finden, in dem Sie Ihre größten persönlichen und beruflichen Erfolge feiern können.

Das gilt für viele Bereiche des Lebens. Denken Sie daran zurück, wie es war, als Sie das erste Mal verliebt waren. Wahrscheinlich hatten Sie Schmetterlinge im Bauch und waren ziemlich nervös. Hätten Sie diese Gefühle vermieden, dann hätten Sie wahrscheinlich jene wunderbare Liebesbeziehung verpasst. Vielleicht mochten Sie in der Schule oder später unter Ihren Kollegen nicht so gerne im Mittelpunkt der Aufmerksamkeit stehen. Doch als Sie sich Ihrer Angst gestellt haben, wuchs mit der Zeit Ihr Selbstvertrauen und Ihre Ängste verloren an Kraft.

Wenn Sie also spüren, wie Angst in Ihnen aufkommt und Sie sich unwohl fühlen, dann sagen Sie sich, wie wunderbar diese Gefühle im Grunde sind, denn sie bedeuten, dass Sie dabei sind, Ihre Ängste zu überwinden, das Leben voll und ganz auszukosten und ein selbstsicherer und vollständigerer Mensch zu werden.

Dr. Larina Kase, Gründerin und Präsidentin von Performance and Success Coaching, LLC, ist Mitverfasser des E-Books „End Self-Sabotage“. Weitere Informationen zu diesem Titel unter: www.endselfsabotage.com.

Meine geerbte Furcht vor dem finanziellen Ruin

DR. ROBERT ANTHONY

Über viele Jahre hinweg hatte ich mit Geldproblemen zu kämpfen. Erst sehr viel später im Leben verstand ich, woher dieses Problem stammte.

Ich wuchs in einer Familie auf, in der Geld immer ein Thema war. Genauer gesagt, war der *Mangel* an Geld das Problem, insbesondere für meinen Vater.

Mein Vater wuchs als einziges Kind einer mittellosen italienischen Immigrantenfamilie auf. Als im Jahr 1929 die Weltwirtschaftskrise hereinbrach, verloren meine Großeltern wie viele andere auch ihre gesamten Ersparnisse und stürzten buchstäblich in den Ruin, als die Banken ohne Vorankündigung ihre Schalter schlossen. Damals gab es noch keine staatliche Einlagenversicherung, die ihr Geld auf der Bank abgesichert hätte.

Zudem lebten sie im rauen Klima der Ostküste. Die meisten Familien heizten in jenen Tagen mit Kohleöfen. Um die nötige Kohle zu besorgen, suchte mein Vater die Eisenbahntrassen des Güterverkehrs ab und sammelte alles ein, was die Kohlewagons unterwegs verloren. Für meine Familie war dies die einzige Möglichkeit, ihr Heim zu beheizen.

In der Zeit der Weltwirtschaftskrise war das Leben für meinen Vater und seine Eltern so schwierig, dass er diese Phase selbst dann nicht überwinden konnte, als sich die Dinge besserten und er eigentlich keine finanziellen Sorgen mehr zu haben brauchte. In seinem Kopf aber lebte die Weltwirtschaftskrise weiter – Tag für Tag und für den Rest seines Lebens!

Als Kind hörte ich meinen Vater immer wieder nur davon sprechen, dass nie genug Geld da sei und man folglich so viel verdienen müsse wie nur irgend möglich. Und schlimmer noch: Dass wir allzeit auf der Hut sein müssten vor einer bevorstehenden Gefahr, die all unser Vermögen vernichten könnte.

Wie also glauben Sie, sah es in Bezug auf Geld in meiner Welt aus?

Es ist nie genug davon da.

Um mich gegen Verluste abzusichern, muss ich so viel Geld verdienen wie möglich.

Und es ist sehr gut möglich, dass ich früher oder später alles verliere, was ich besitze.

Und jetzt der traurige Teil der Geschichte. Selbst nachdem ich erwachsen geworden war und durch meine Arbeit wahrscheinlich mehr verdiente, als den meisten Menschen zum Leben ausgereicht hätte, hatte ich immer noch nicht genug. Egal, wie viel Geld ich verdiente, ich kam immer gerade nur so über die Runden. Und natürlich hatte ich immer Angst, alles zu verlieren, was ich hatte – was mir bei verschiedenen Gelegenheiten tatsächlich auch gelang!

Wie Sie sehen, habe ich also die Geldsorgen meines Vaters geerbt. Leider erben wir alle die Geldnöte unserer Eltern, solange wir sie nicht bewusst überwinden. Jetzt im Rückblick ist mir sonnenklar, weshalb ich mich immer kurz vor dem Ruin befand.

Ich brachte dieses Glaubenssystem *aus* meiner Kindheit mit und übertrug es *in* den Rest meines Lebens, und ich konnte nicht einmal erkennen, was ich tat! Verstehen Sie mich nicht falsch. Ich war immer motiviert, sehr viel Geld zu verdienen. Aber ich habe immer auch unter dem innerlichen Vorbehalt funktioniert, dass es nie genug davon geben werde und ich letztendlich mein gesamtes Vermögen wieder verlieren würde.

Und wissen Sie was? Genau das war meine Wirklichkeit. Das Gesetz von Ursache und Wirkung, der *Attractor Factor*, wirkte hier, und ich hatte keine Ahnung davon! Das war meine Wahrheit: Egal wie lange und hart ich arbeiten würde, ich würde am Ende immer mit demselben Ergebnis dastehen.

Egal, wie viel Geld ich verdienen würde – und glauben Sie mir, es war viel – ich kam entweder gerade so über die Runden, oder schaffte, alles wieder zu verlieren. Und ständig machte ich mir Sorgen, wie ich *noch mehr* Geld verdienen könnte.

Wichtig zu verstehen ist hierbei, dass hinter meiner Motivation, Geld zu verdienen, meine Ängste standen, nicht genug zu haben und das, was ich hatte, verlieren zu können.

So unangenehm es auch ist, das einzugestehen, so verbrachte ich doch 40 Jahre meines Lebens auf diese Art und Weise – 40 Jahre! Noch unangenehmer ist, dass meine berufliche Aufgabe ja just darin bestand, anderen Menschen zu ihrem Erfolg zu verhelfen, wo ich selber finanziell doch solch ein Versager war.

Ich dachte über, sprach über und arbeitete für den finanziellen Wohlstand, studierte den Weg zum Erfolg, doch mein eigener finanzieller Erfolg schien jenseits meiner Möglichkeiten. Trotz all meiner Auseinandersetzung mit dem Thema behielten meine dominierenden Überzeugungen die Oberhand.

Vergessen Sie dabei nicht, dass ich mich nicht bewusst in diese Situation gebracht hatte. Doch während all das seinen Lauf nahm, gab ich meinen Eltern die Schuld für meinen mangelnden finanziellen Erfolg. Oder ich lastete es meinen falschen geschäftlichen Entscheidungen an, meiner Partnerin, der Regierung und anderen Umständen meines Lebens.

Bis ich schließlich das große Glück hatte, die wichtigste Lektion zu lernen, die ich je gelernt habe: *Wir ziehen das an, worauf wir unsere Aufmerksamkeit lenken.* Oder anders gesagt: *Wir werden zu dem, worüber wir den ganzen Tag nachdenken.*

Was die meisten Menschen nicht begreifen, ist, dass wir nicht das in unser Leben ziehen, was wir eigentlich anziehen wollen, sondern das, worauf wir unsere Aufmerksamkeit lenken. Fast jeder wünscht sich mehr Geld in seinem Leben, doch ganz offensichtlich ist das *Wollen* nicht der Schlüssel zum *Haben.*

Wenn Sie derzeit große Sorgen plagen, wenn Sie Entbehrung oder Niedergeschlagenheit erfahren, oder wenn Sie nicht das in Ihr Leben holen können, was Sie sich wünschen, dann prüfen Sie, welche Anziehungskräfte Sie bislang in Ihrem Leben ausgeübt haben. Suchen Sie nach den Anziehungsmustern für diese Dinge. Diese Dinge treten nur deshalb in Ihr Leben, weil Sie Ihre Aufmerksamkeit bewusst oder unbewusst darauf konzentriert haben.

Wenn Sie immer noch nicht gefunden haben, was Sie suchen, dann schaffen Sie nicht das passende Schwingungsmuster. Anders gesagt, Sie lenken Ihre Aufmerksamkeit auf das, was Sie *nicht* wollen, anstatt auf das, was Sie wollen. *Alle Hindernisse in Ihrem Leben sind das Ergebnis eines unpassenden Schwingungsmusters.* Solange Sie sich nicht entschließen, sich mit einem höheren Schwingungsniveau zu verbinden, werden Sie dort stecken bleiben, wo Sie sind.

Hier also ist das Geheimnis: *Wenn Sie die Art und Weise ändern, mit der Sie die Dinge betrachten, dann ändern sich die Dinge, die Sie betrachten.*

Wie also sehen Sie das Leben? Ihr Leben gründet im Wesentlichen auf Ihren Überzeugungen über sich selbst. Und durch diese Überzeugungen sind Ihre Erwartungen an Ihr Leben bereits festgelegt. Denn Grundlage Ihrer Erwartungen sind Ihre Glaubensgrundsätze darüber, welche Grenzen, wie viel Entbehrung und wie viel Pessimismus in Ihrem Leben angebracht sind.

Ihre Glaubensgrundsätze sind die Basis dessen, wie Sie Ihr Leben betrachten. Und Ihre Wahrnehmung des Lebens wiederum schafft Ihre Erfahrungen. Was Sie also haben oder nicht haben, und was Sie in Ihrem Leben erschaffen oder nicht erschaffen können, hängt ganz davon ab, wie sehr Sie mit Ihren Standpunkten Ihre eigenen Möglichkeiten eingrenzen.

Die Ur-Energie in Ihnen ist grenzenlos. Und da Sie mit dieser Ur-Energie beziehungsweise mit der universellen Kreativität eins sind, sind auch Ihre Möglichkeiten grenzenlos. Dennoch kann diese Ur-Energie nur dann *mit Ihnen* und *für Sie* arbeiten, wenn Sie mit ihr *in Einklang* sind.

Die Ur-Energie, beziehungsweise die universelle Kreativität, ist ständig damit beschäftigt, alles zu besorgen, was wir uns nur vorstellen können. Das Universum nimmt unsere Bestellungen rund um die Uhr und an sieben Tagen der Woche entgegen. Es hat nie geschlossen, es fährt nie in Urlaub, es macht nie wegen Krankheit zu und es nimmt sich nie mal einen Tag frei. Es ist beständig damit beschäftigt, Ihre Bestellungen aufzunehmen und das bereitzustellen, wonach Sie fragen.

Wenn dem aber so ist, weshalb gibt es dann Menschen, die diesen Fluss der Dinge anzapfen können, während sich andere davon abgeschnitten fühlen? Die Antwort ist einfach. Wenn das Universum uns immer gibt, wonach wir fragen, und es Ihnen in Ihrem Leben dennoch an etwas fehlt, dann hat liegt dies an den *Widerständen*, die Sie schaffen. Diese Widerstände verhindern, dass das Universum in Ihr Leben tritt.

Der natürliche Fluss des Universums wird von Ihren Widerständen behindert und kann Sie nicht mehr mit dem versorgen, was Sie sich wünschen. Wenn das Universum auf Grundlage der Gesetze von Energie und Anziehung basiert – was so viel bedeutet, wie dass alles auf einer bestimmten Frequenz schwingt – dann schwingen Sie auf einer Frequenz, die nicht mit Ihren Wünschen übereinstimmt.

Dies ist genau der Grund, weshalb ich 40 Jahre lang so viele finanziellen Sorgen hatte. Ich hatte nichts, was ich mit diesem Geld hätte anfangen können. Meine Schwingungen befanden sich nicht in Harmonie mit dem, was ich mir wünschte. Stattdessen schuf ich Widerstände gegen das, was ich mir wünschte, und versuchte doch zugleich es anzuziehen.

Gedanken, die sich mit Mangel, Begrenzung, Angst, Entbehrung oder Minderwertigkeit beschäftigen, schaffen widersprüchliche Energien. Diese Widersprüche schaffen ein Feld des Nichtgestattens. Im Grunde haben Sie in dieser Situation die Harmonie mit Ihren Wünschen verloren.

Vergessen Sie nicht, dass Sie ein Teil der universellen Kreativität sind. Wenn Sie sich in einen nicht-widerstrebenden Zustand versetzen, was bedeutet, dass Sie mit Ihren Wünschen in Einklang sind, dann wird die Ur-Energie oder die universelle Kreativität in Einklang mit Ihren Wünschen arbeiten. Das Universum hat gar keine andere Wahl. Wenn Ihre Gedanken und Gefühle keine Schwingungswiderstände mehr gegen Ihre Wünsche aufbauen, dann kann das Universum gar nicht anders, als sich danach zu richten.

Sie brauchen sich davon aber nicht überwältigen zu lassen. Ja, im Grunde brauchen Sie gar nichts zu ändern. Sagen Sie sich stattdessen einfach selbst: „Das Einzige, was ich steuern kann, sind meine Gedanken – mit denen ich meinen Wünschen jetzt die Erlaubnis geben kann, in mein Leben zu treten. Und vor allem spielt es keine Rolle, was ich bislang gedacht habe, oder wie lange schon und wie sehr ich derzeit unter Druck stehe. Stattdessen werde ich ab sofort aufhören, weitere widersprüchliche Gedanken zu schaffen. Einen nach dem anderen werde ich sie abstellen."

Sie tun dies, indem Sie wie folgt bekräftigen: „Ich kann alles erschaffen, was ich mir wünsche, weil ich allem oder jedem die Erlaubnis verweigere, mein Leben zu bestimmen, das nicht in Harmonie mit meinen Wünschen ist. Ich erlaube, was immer ich mir wünsche, jetzt in mein Leben zu treten."

Wenn Sie diesen Gedanken häufig genug aktivieren, wird er zur Gewohnheit, und er wird Ihre Widerstände beseitigen, die bislang dafür gesorgt haben, dass sich Ihre Wünsche nicht in Ihrem Leben manifestierten. Wenn Sie diesen Pfad des geringsten Widerstands üben, ist er bald nicht mehr das, wofür Sie sich entschieden haben, sondern das, was Sie *sind.* Und genau dann beginnen die Wunder zu geschehen. Und sie werden weiterhin und für den Rest Ihres Lebens geschehen, solange Sie sich darauf konzentrieren, was Sie wollen, anstatt darauf, was Sie nicht wollen.

Verbringen Sie also nicht 40 Jahre Ihres Lebensweges im Rückwärtsgang, sondern lernen Sie aus dieser Lektion und öffnen Sie das Füllhorn für den Rest Ihres Lebens.

Dr. Robert Anthony gehört zu den Vordenkern
im Bereich der Persönlichkeitsentwicklung und hat zahlreiche Bücher verfasst, darunter:
„Beyond Positive Thinking".

Haben Sie die Opferrolle übernommen?

NERISSA ODEN

Haben Sie die Opferrolle übernommen? Nun, wie sollen Sie wissen können, ob Sie eine Opferrolle übernommen haben, wenn Sie von Geburt an damit großgezogen wurden? Stellen Sie sich also diese sechs Fragen:

1. Haben Sie die schlechten Karten auf der Hand?
2. Werden Sie vom Unglück verfolgt?
3. Wurden oder werden Sie vom Erfolg ferngehalten?
4. Erhält Ihre Arbeit meist keinerlei Aufmerksamkeit?
5. Ist die moderne Gesellschaft so geschaffen, dass sie nur ein paar wenige privilegiert?
6. Übergeht die Gesellschaft Sie und Ihresgleichen?

Wenn Sie eine dieser Fragen mit Ja beantwortet haben, dann haben Sie eine Opferrolle übernommen. Und jetzt halten Sie sich fest.

Über die gesamte Menschheitsgeschichte hinweg hat es immer eine Ungleichverteilung von Macht und Erbe gegeben. Was es zu berücksichtigen gilt, ist, dass wir auf individueller Ebene jede Massenbenachteiligung überwinden können.

Beispielsweise hat es immer Frauen gegeben, die im Krieg Seite an Seite mit Männern gekämpft haben, die Geschäftsleute geworden sind, sogar Symbolfiguren, und zwar auch zu Zeiten, als dies kulturell nicht gebilligt oder sogar von Gesetz wegen untersagt wurde. Frauen, die diese Ziele erreicht haben, gaben sich als Männer aus. Die meisten von ihnen wurden nie entdeckt, von den meisten wurde nie berichtet. Doch wurden genug entdeckt (meistens zum Zeitpunkt ihres Todes), um neue Realitäten zu schaffen. Denn diese Frauen haben ihre Chance erkannt und sie genutzt. Sie haben sich von Dingen wie Kleidung oder Geschlecht nicht aufhalten lassen und ihren Traum von Freiheit und Gleichheit realisiert.

Die meisten Leser werden wahrscheinlich einwenden: „Aber ich trage eine andere Hautfarbe, oder ich bin behindert (oder was auch immer), und werde daher schneller entdeckt als eine Frau mit abgebundenen Brüsten."

Opferrolle.

Es gibt viele, viele weitere Geschichten, die bezeugen, wie Menschen auf individueller Ebene ihre Wünsche realisiert haben: Schwule Paare, die sich als Verwandte ausgeben, und so ein ganzes Leben zusammen verbringen, Afroamerikaner, die geflohen sind und sich woanders niedergelassen haben, Kinder, die ihre grausamen Eltern hinter sich gelassen haben, und anderes mehr.

Bevor Sie also beschließen, ein Leben lang die Rolle eines Opfers zu übernehmen, fragen Sie sich: „Wo liegen meine Chancen?" Soll ich mich woanders niederlassen? Soll ich mir bessere Freunde suchen? Einen besseren Job? Soll ich noch einmal eine Ausbildung anfangen? Soll ich mir einen Mitbewohner nehmen, um Geld zu sparen? Was sagt mir meine Intuition? Soll ich mehr mit meiner Familie sprechen? Soll ich weniger mit meiner Familie sprechen?

Ich bin mir sicher, dass Ihnen noch viele weitere Fragen einfallen werden, die Sie auf den Weg der Selbst-Verbesserung und näher an Ihre Ziele führen werden. Hören Sie auf Ihr Herz und treffen Sie Entscheidungen, mit denen Sie sich aktiv verbessern können. Alles andere würde bedeuten, ein Leben lang in der Opferrolle zu bleiben. Sie allein können darüber entscheiden, was für ein Leben Sie leben.

Nerissa Oden ist TV-Film-Autorin
und -Herausgeberin.
Weitere Informationen unter: www.thevideoqueen.com.

Wie Sie einen Job finden

Möge die Schönheit, die wir lieben,
sein, was wir tun.

– Dschalal ad-Din Rumi,
Sufi-Dichter und -Mystiker
des 13. Jahrhunderts

„Seien Sie bereit, für umsonst zu arbeiten." Diesen Rat gab Mark Twain.

Viele erfolgreiche Menschen haben ihre erste Stelle bekommen, weil sie zunächst als Lehrling gearbeitet haben. Im Wesentlichen haben sie gesagt: „Ich werde zwei Monate umsonst für Sie arbeiten. Stellen Sie mich ein, wenn Ihnen meine Arbeit gefällt. Wenn nicht, lassen Sie mich wieder ziehen."

Eine weitere Möglichkeit, einen Job zu bekommen, ist, sich weniger Gedanken darüber zu machen, um was es sich handelt. Schauen Sie sich um, und Sie werden Arbeit entdecken. Vielleicht ist es nicht ganz, was Sie sich wünschen, aber es ist ein Anfang.

Viele berühmte und wohlhabende Menschen haben als Kellner, Koch oder Taxi-Fahrer angefangen.

Viele Menschen kamen nach Amerika ohne Geld, ohne Job, ohne Sprachkenntnisse und haben sich dennoch ein Vermögen erarbeitet.

Arbeit ist da. Nehmen Sie sie an, und Sie haben Ihren ersten Job.

Suchen Sie sich ein Haustier

Ein Haustier um sich zu haben, kann dafür sorgen, dass Ihr Blutdruck und Ihr Stresspegel sinken. Ein Haustier kann auch Ihr Herz öffnen und Ihnen die Liebe lehren.

Selbstverständlich kann ein Haustier auch dafür sorgen, dass Ihr Blutdruck und Ihr Stresspegel steigen, wählen Sie Ihr Haustier also sorgfältig aus.

Ich kenne eine Frau, die exotische Tiere mag. Auf ihren ersten Panther folgten einige Schimpansen, Zebras, Wombats und andere Tiere mehr. Und schließlich machte sie aus ihrem Hobby einen echten Safari-Park. Die Menschen kamen aus dem ganzen Land, um ihre Sammlung exotischer Tiere zu sehen.

Sicher, wenn Sie sich das Aufziehen eines Pavians als sehr stressreich vorstellen, dann können Sie es auch mit einer Schildkröte versuchen.

Krankheit ist ein Zeichen Ihres Körpers

Sie brauchen nicht krank zu werden. Vor einigen Jahren erkrankte ich an Grippe. Als ich mit einem Heiler darüber sprach, erklärte er mir, eine Grippe bedeute, dass ich vor etwas davonlaufen wolle. Ich dachte darüber nach und mir wurde bewusst, dass ich damals vor meinem Job flüchten wollte. Sobald ich mir aber bewusst gemacht hatte, dass ich mir meine Krankheit selbst geschaffen hatte, um nicht arbeiten gehen zu müssen, war ich gegen Grippe immun.

Sehr wahrscheinlich funktioniert jede Krankheit auf diese Weise. Sie schaffen sie, um Ihre Aufmerksamkeit auf das Problem zu lenken. Sie ist ein Symbol für etwas in Ihrem Leben.

Einmal war ich beispielsweise sehr wütend über das Verhalten eines Freundes. Kurze Zeit später hatte ich ein Geschwür auf meiner Brust. Es war voller Eiter und musste geöffnet werden, damit der Eiter entweichen konnte.

Wie könnte die Botschaft noch deutlicher werden. Ich kochte über vor Ärger. Ich war voller Eiter – so sehr widerte mich das Verhalten meines Freundes an. Genau das zeigte mir mein Körper.

Suchen Sie, wann immer Sie krank werden, nach den verborgenen Gründen für die Krankheit. Sobald Sie die Gründe erkannt haben, wird die Krankheit wahrscheinlich wieder verschwinden.

Zahlen Sie Ihre Steuern

Als Bürger Ihres Landes sind Sie aufgerufen, Ihren Beitrag zu den Ausgaben des Staates zu leisten. Sie werden sich ärgern und es wird Ihnen widerstreben, Steuern zahlen zu müssen, zumindest zu Beginn. Aber letztendlich werden Sie zahlen müssen.

Wenn Sie gerne mit Zahlen und mit Gesetzen umgehen, haben Sie vielleicht Freude daran, nach Möglichkeiten des Steuersparens zu suchen. Wenn Ihnen diese Themen keine Freude bereiten, dann können Sie jemand engagieren, der diese Arbeit gerne macht.

Welchen Weg Sie auch wählen, zahlen Sie Ihre Steuern. Sie werden das Leben als angenehmer empfinden.

Ihre Lieblingsfrage hat das Zeug, Sie in den Wahnsinn zu treiben

Welche Frage beschäftigt Ihren Geist am meisten?

Den wenigsten ist es bewusst, aber ihre Lieblingsfrage lautet einfach: „Was wäre, wenn ... ?"

Ihr Geist fragt: „Was wäre, wenn dies geschieht, oder jenes geschieht?". Dadurch kann er Sie besser kontrollieren, Sie besser einschüchtern. Diese Frage wird Sie belagern und gefangen halten, es sei denn, Sie ignorieren sie.

Wenn Ihr Geist Sie wieder fragt: „Was wäre, wenn … ?" und in Ihrem Kopf einen negativen Film ablaufen lässt, dann drehen Sie die

Frage einfach um. Sie fragen: „Was wäre, wenn … ?“ und lassen jetzt einen positiven Film ablaufen.

Sie haben wie immer, so auch hier, die Kontrolle. (Aber das werden Sie in Ihrem Leben womöglich noch sehr häufig vergessen.)

SPEZIFIKATIONEN

Was Sie über Ihre Mitmenschen wissen müssen

Die Menschen idealisieren die Vergangenheit, schimpfen über die Gegenwart und fürchten die Zukunft

Ich höre Leute häufig sagen, wir würden durch schwierige Zeiten gehen. Ein rascher Blick zurück in die Geschichte offenbart allerdings, dass wir heute reicher, gesünder und glücklicher sind als zu jedem anderen Zeitpunkt der Weltgeschichte. Ausnahmslos. Und dennoch sehnen wir uns alle nach den guten alten Tagen zurück. Und wir alle beschweren uns über die Gegenwart und wir alle fürchten die Zukunft. Wenn Sie mehr Freunde gewinnen oder mehr Umsatz erzielen wollen, dann umgeben Sie Ihr Produkt mit dem Flor der Vergangenheit; oder drängen Sie die Menschen dazu, Ihr Produkt heute zu kaufen, um der aktuellen Agonie zu entkommen; oder überzeugen Sie die Menschen, dass Ihr Angebot die unsichere Zukunft etwas sicherer macht. Solange sich nicht mehr Menschen bekehren lassen und begreifen wollen, dass unser Kraftpunkt und unser Moment der höchsten Verzückung im Hier und Jetzt liegt, können Sie Ihr Glück noch steigern, indem Sie dem in die Hände spielen, was die Menschen lieber glauben möchten.

Die Menschen hinterfragen ihre Glaubensgrundsätze nicht – versuchen Sie also nicht, die Menschen zu ändern

Sokrates rief uns auf, uns selbst zu erkennen. Doch die meisten Menschen begreifen nie, dass sie ein Fisch im Tümpel sind. Weder hinterfragen sie ihr Leben als Fisch, noch sehen sie das Wasser. Jeder von uns lebt auf die eine oder andere Weise in einem Trancezustand und glaubt, er sei Arzt, Rechtsanwalt, Vertriebsmitarbeiter oder was auch immer. Die tiefsten Überzeugungen, die wir von unseren Eltern übernommen haben, werden so gut wie nie hinterfragt. Um zu erwachen, hinterfragen Sie alles!

Die Menschen werden eher Ja sagen, wenn Sie ihnen ein Ja in den Mund legen

Einst traf ich mich mit dem berühmten Zauberkünstler C. J. Johnson zum Mittagessen. Er habe eine gute Idee für eine neue Titelzeile, erzählte er. Sie lautete: „Verdienen Sie mit Ihren Auftritten als Zauberkünstler ebenso viel Geld wie Ihr Nachbar mit seinem Beruf?“ Ich sagte C. J., seine Titelzeile gefiele mir, riet ihm aber, sie so zu ändern, dass die Frage nur mit Ja beantwortet werden könne. In seiner ersten Fassung konnte die Frage auch mit einem Nein beantwortet werden, was bei seinem potenziellen Kunden zu einer bestimmten geistigen Voreinstellung führen könnte. Ich schlug C. J. vor, seine Titelzeile stattdessen folgendermaßen lauten zu lassen: „Würden Sie als Zauberkünstler gerne ebenso viel Geld verdienen wie Ihr Nachbar mit seinem Beruf?“ Jetzt lag ein Ja auf der Hand und sorgt somit für eine positive geistige Voreinstellung. Wenn Sie einen potenziellen Kunden erst einmal so weit haben, wird er auch dann eher mit Ja antworten, wenn Sie ihm ein Geschäft anbieten. Dieses Prinzip lässt sich auch im alltäglichen Gespräch anwenden, oder wenn Sie jemandem den Hof machen wollen, eine Präsentation geben oder es mit irgendeiner anderen Situation zu tun haben.

Menschen tun Dinge nur für das gute Gefühl, das sie dabei haben

Denken Sie einmal darüber nach. Weshalb haben Sie dieses neue Auto gekauft? Oder dieses neue Kleid? Oder diesen neuen Werkzeugkoffer? Sie kaufen etwas, weil Ihnen das gekaufte Objekt auf irgendeiner Ebene ein gutes Gefühl vermittelt. Meine Lebenspartnerin hat sich gerade einen neuen Rasenmäher gekauft. Sie würde sich wohl kaum jemals eingestehen, dass der Kauf ihr vor allem ein gutes Selbstgefühl vermittelt hat. Aber die Wahrheit ist, ohne diesen Kauf hätte sie sich schlechter gefühlt. Achten Sie auf beide Seiten dieser Einsicht, wenn Sie versuchen, jemandem etwas zu verkaufen. Erinnern Sie Ihre Kunden daran, was geschieht, wenn sie nicht kaufen (anhaltender Leidensdruck), und erinnern Sie sie ebenso daran, was geschieht, wenn sie kaufen (Freude). Wenn Sie Ihre Aufmerksamkeit auf die guten Gefühle konzentrieren, werden Sie Ihren Umsatz erhöhen. Vergessen Sie nicht: Auch wenn Sie nicht als Verkäufer arbeiten – verkaufen müssen Sie immer. Sie verkaufen sich selbst, Ihre Vorschläge, Ihre Persönlichkeit, Ihre Überzeugungen und so weiter.

Menschen zahlen jeden Betrag, wenn sie ihr Innerstes verändern können

Die Menschen sind nicht glücklich. Die Menschen haben ein verzweifeltes, schwarzes, resigniertes Gefühl im Inneren, das lautlos an ihnen zehrt und ihnen einflüstert: „Dein Leben könnte besser sein als das hier." Sie würden jeden Betrag zahlen, um sich besser zu fühlen, und sind häufig sogar zu illegalen Mitteln bereit. Die Menschen stehen Schlange, um sich furchterregenden Schussfahrten auf der Achterbahn auszusetzen. Sie versammeln sich in Kinosälen, um Horrorfilme anzuschauen und vor Angst zu kreischen. Wenn Sie Ihnen helfen können, sich auch nur irgendwie anders zu fühlen, als sie sich gerade fühlen, sind die Menschen bereit dafür zu zahlen. Wenn Sie als Dienstleister tätig sind, dann behandeln Sie die Menschen wie Mitglieder einer Königsfamilie. Wenn Sie den Menschen ein Produkt verkaufen, dann stellen Sie sicher, dass Ihr Produkt als Spaß versprechend, einzigartig, oder umstritten erscheint. Verändern Sie das Innerste der Menschen, und die Menschen werden Sie reich machen.

Menschen wollen glücklich sein – Punktum!

Der amerikanische Philosoph Henry David Thoreau brachte es am besten auf den Punkt, als er feststellte, dass die meisten Menschen ein Leben der ruhigen Verzweiflung führten. Ich habe schon vor vielen Jahren gelernt, dass die Menschen mehr als alles andere auf der Welt vor allem eines wollen: Sie wollen glücklich sein. Wenn ich irgendwo Geschäfte mache und auf einen freundlichen, gut gelaunten Mitarbeiter, Geschäftsführer oder Gesprächspartner am Telefon treffe, der mich gut gelaunt und glücklich stimmt, dann werde ich das nächste Mal wieder dorthin zurückkehren, um Geschäfte zu machen. Wie können Sie den Menschen helfen, sich glücklich zu fühlen? Behandeln Sie sie mit Respekt, zeigen Sie Humor, versprühen Sie Ihr eigenes Glücklichsein, mehr Umsatz und mehr Freunde werden Ihnen sicher sein.

Menschen reagieren auf Schmeicheleien

Sie sind ein wirklich kluger Kopf, denn Sie lesen dieses Buch. Die wenigsten Menschen sind weise genug oder bewusst genug, ihr Geld in ein Buch zu investieren, das ihnen zu einem glücklicheren Leben verhelfen kann. Sie aber sind die Ausnahme. Und wie jeder andere auch, halten Sie sich gerne für gescheit, trendy, sexy, beliebt und mit allerhand weiteren positiven Eigenschaften versehen. Haben Sie bemerkt, wie Sie sich fühlten, als Sie diesen Absatz zu lesen anfingen? Haben Sie sich nicht gut gefühlt, als Sie lasen: „Sie sind ein wirklich kluger Kopf, denn Sie lesen dieses Buch"? Hatten Sie nicht auch mir gegenüber ein gutes Gefühl, als ich feststellte, wie klug Sie seien? Jeder reagiert auf Schmeicheleien. Sie, ich, jeder.

Die Menschen werden nie Streit mit Ihnen suchen, wenn Sie sie nie im Unrecht sein lassen

Wenn Sie jemand anruft und sich beschwert, dann hören Sie zu. Suchen Sie nicht die Auseinandersetzung. Geben Sie Ihrem Gesprächspartner nicht das Gefühl im Unrecht zu sein. Solange Sie neutral bleiben können, sind Sie in der Lage, das Problem zu lösen und einen Freund hinzuzugewinnen. Das gleiche Prinzip funktioniert für jeden anderen Aspekt Ihres Lebens. Es mag eine echte Herausforderung sein, denn Sie müssen Ihr Ego im Zaume halten können. Sie werden darauf bestehen wollen, dass Sie recht haben. Egal, ob Sie es haben oder nicht, bleiben Sie gelassen. Sie werden die Auseinandersetzung gewinnen, wenn Sie sich nicht auf einen Streit einlassen. Im Übrigen lässt Streit jede Auseinandersetzung nur weiter eskalieren. Keiner von beiden wird gewinnen, und Sie haben für den Rest Ihres Lebens einen Kunden, einen Freund oder einen Lebenspartner verloren.

Menschen handeln immer aus positiven Gründen, auch wenn ihr Verhalten negativ ist

Einige dieser Binsenwahrheiten sind schwer zu schlucken. Menschen handeln grundsätzlich aus positiven Gründen? *Immer?* Jawohl, immer. Ausnahmslos. Selbst derjenige, der jemand anderes verletzt, gibt letztlich nur einen Aufschrei von sich, um gehört zu werden oder etwas auszudrücken Er weiß nur keine andere Art, sich mitzuteilen. Dieser Mensch ist nicht falsch. Sein Verhalten ist falsch.

Oder, um ein vielleicht näheliegenderes Beispiel zu nehmen, der Kollege, der seinen Job nicht ordentlich erledigt, macht ihn dennoch nach bestem Wissen und Vermögen. Selbst der Kunde, der sich ständig beschwert, weiß es einfach nicht besser. Und auch die Kinder, die sich selber immer wieder in Schwierigkeiten bringen, geben im Grunde wohl alles, um es besser zu machen.

Es kommt darauf an, denjenigen nicht für all seine Taten zu verdammen und diese zu entwerten. Lenken Sie stattdessen Ihre Aufmerksamkeit auf seine Taten und bewerten Sie nicht die Person. So erhalten Sie den Fluss in Ihrem Leben. Die Menschen arbeiten perfekt. Wenn das, was sie tun, aus Ihrer Sicht nicht perfekt funktioniert, dann finden Sie heraus, was den Menschen fehlt, um zu erreichen, was sie erreichen wollen, und geben Sie Ihre Unterstützung.

Die Menschen werden empfänglicher sein, wenn Sie das eigene Ego verlassen und in ihr Ego schlüpfen

Worüber möchten Sie sich heute unterhalten? Über mich oder über Sie? Ich wette, dass Sie sich viel lieber über sich selber unterhalten möchten. Wenn Ihnen jemand ein Gruppenfoto Ihrer Familie zeigt, nach welchem Gesicht suchen Sie dann als Erstes? Natürlich nach Ihrem eigenen.

Wenn Sie mit Interessenten sprechen, an bestehende Kunden schreiben oder wie auch immer mit Menschen interagieren, dann stellen Sie diese in den Mittelpunkt. Sie werden erleben, wie Ihr Umsatz steigt und Ihre Freundschaften sich vertiefen. Weshalb? Weil die Menschen sich wie selbstverständlich zunächst für sich selber interessieren. Und daran ist nichts falsch.

Ganz im Gegenteil. Es ist Ihr Schlüssel zu Wohlstand.

Menschen wollen Anerkennung

Carl Stevens ist ein bekannter Verkäufer, Schriftsteller, Redner und Coach. Er erzählte mir einst, dass er an einem Verkäufer-Wettbewerb teilnahm und als Gewinner hervorging. Wenn er auch nicht die Hawaii-Reise erhielt, die es zu gewinnen gab, so gewann er doch die ganze Aufmerksamkeit seiner Kollegen, die ihn für den besten Verkäufer unter ihnen hielten.

Das Ego der Menschen zu bauchpinseln kann ein wahrer Geldquell sein. Schenken Sie Ihren Kunden, Ihrer Familie und Ihren Freunden Anerkennung. In einem Jahr habe ich als eine der ersten Geburtstagsglückwünsche eine Karte von Radio Shack erhalten. Das war vor etwa fünf Jahren. Ich war nie ein großer Fan des Elektroeinzelhändlers gewesen – bis zu jenem Tag.

Schenken Sie Ihren Kunden, Ihrer Familie und Ihren Freunden Anerkennung, und Sie werden Sie ein Leben lang als Freunde behalten können.

Jeder Mensch fühlt Mangel

Nur die wenigsten sind zufrieden. Im Allgemeinen fühlen sich die Menschen vom Leben hintergangen. Wir erwarten mehr und fühlen einen Mangel, wenn wir es nicht bekommen. Wir sind fast wie Babys im Körper eines Erwachsenen. Wenn Sie mehr Geld verdienen möchten, dann helfen Sie den Menschen, sich zufrieden zu fühlen. Dienen Sie Ihnen. Sorgen Sie für sie. Geben Sie Ihnen mehr, als sie erwarten. Überraschen Sie sie mit kleinen Geschenken, Grußmitteilungen oder gar Besuchen. Zeigen Sie, was sie Ihnen bedeuten.

Alle Menschen sammeln irgendetwas, seien es Bücher, Fingerhüte oder Rezepte, selbst wenn sie es leugnen

Ich erzählte einem Freund von dieser Binsenwahrheit und er sagte: „Stimmt, die Leute sind schon komisch. Aber ich sammle ganz bestimmt nichts." Gleichwohl hatte er jedes einzelne James-Bond-Video, das bislang erschienen war. Finden Sie, um schnell reich zu werden, heraus, welche Sammelleidenschaft eine bestimmte Gruppe von Menschen hat und verkaufen Sie ihnen etwas sehr Ähnliches. Wenn Sie ein kleines Büchlein über 007 verfassen, ist Ihnen das Geld meines Freundes sicher. Suchen Sie Menschen, die Diätprodukte kaufen. Ihnen werden Sie sehr wahrscheinlich auch ein weiteres Diätprodukt verkaufen können. Sie werden es zwar nie zugeben wollen, aber diese Menschen sammeln Diätprodukte in der Hoffnung, dass eines von ihnen eines Tages funktionieren wird.

Die Menschen führen ihre schlechten Angewohnheiten fort, bis es schmerzt

Es braucht schon viel, um Menschen zu ändern. Viel Leidensdruck, in aller Regel. Rechnen Sie nie damit, dass sich irgendwer sehr bald ändern könnte, aber immer damit, den Menschen Möglichkeiten verkaufen zu können, sich möglichst einfach zu ändern. Verkaufen Sie ihnen einen Traum, und Sie werden dankbare Käufer finden. Verkaufen Sie ihnen die Gewissheit, dass es viel Arbeit ist, und Sie werden kaum Käufer finden – selbst wenn Sie recht haben. Akzeptieren Sie die Tatsache, dass die Menschen weiterhin rauchen, trinken, zu viel essen oder was auch immer für eine schlechte Angewohnheit verfolgen werden, und halten Sie schlichte Lösungen für sie bereit. Die Menschen werden kaufen, und wer weiß, sich eines Tages vielleicht sogar ändern.

Die Menschen tun, was Sie von Ihnen erwarten, solange nichts dagegen spricht – finden Sie eine Antwort auf ihre Einwände und Sie haben die Menschen auf Ihrer Seite

Hypnotiseure wissen das. Hypnotiseure wissen, dass Sie zu nichts bewegt werden können, was gegen Ihre fundamentalen Wertvorstellungen und Überzeugungen verstoßen würde – es sei denn, Ihre wichtigsten Wertvorstellungen und Überzeugungen würden auch geändert werden. Mit Ihren Freunden, Familienmitgliedern und potenziellen Kunden verhält es sich genauso. Wenn sie Ihr Produkt kaufen wollen, dann kaufen sie es. Wenn sie aber irgendwelche Bedenken haben, dann werden sie erst kaufen, nachdem Sie diese Bedenken aus dem Weg geräumt haben. Das Beste ist, solche Einwände schon anzugehen, noch bevor sie thematisiert werden. Wenn Sie dann jemanden fragen, ob er Ihr

Produkt kaufen oder sich mit Ihnen verabreden möchte, dann wird er mitziehen.

Die Menschen haben immer das Gefühl, fremdgesteuert zu sein, und suchen verzweifelt nach Möglichkeiten, ihre Selbstkontrolle wiederzuerlangen

Wie häufig hören Sie sich und Ihre Mitmenschen tagtäglich über *die da* klagen? „Die da wollen uns hier nicht parken lassen", oder „Die da haben neue Regeln geschaffen, die wirklich gar nicht in Ordnung sind." Solche nicht namentlich genannten Mächte sorgen für ein Gefühl der Machtlosigkeit. Das Ergebnis ist ein dringender Wunsch nach stärkerer Kontrolle. Bieten Sie Ihren Mitmenschen eine Möglichkeit, mehr Kontrolle zu erlangen, besser zu sein als das System, und die Menschen werden Ihnen ihre ganze Aufmerksamkeit schenken.

Menschen folgen Befehlen, die ihnen Überlegenheit schenken

Sie gehören einer kleinen Gruppe von Menschen an. Die Menschen in dieser Gruppe sind ausgesprochen intelligent, aufmerksam und haben eine von vielen kaum erreichte Stufe des Bewusstseins erlangt.

Wie fühlen Sie sich bei diesem Gedanken? Sind Sie nicht auch ein wenig stolz auf sich?

Was empfinden Sie mir gegenüber, jetzt, da Sie wissen, dass mir klar ist, dass Sie zu den am weitesten entwickelten Menschen auf dieser Erde zählen? Meinen Sie nicht, dass ich ein ganz schön aufgeweckter Geist bin, dass mir dies aufgefallen ist? Natürlich, ich habe Ihnen geschmeichelt. (Die Binsenwahrheit, dass Menschen auf Schmeicheleien reagieren, haben wir schon besprochen.) Aber Achtung, ich habe jetzt etwas mehr Macht über Sie gewonnen. Jetzt, da Sie unter meinem Einfluss stehen, fordere ich Sie auf, eine meiner Websites aufzurufen. Oder besser noch: Rufen Sie doch gleich die Website von Amazon auf, um eines meiner neuesten Bücher zu bestellen! Sie, der Sie zum kleinen Kreis der fortschrittlichsten Köpfe auf dieser Welt gehören, wissen, wie wichtig es ist, sich auch mit umstrittenen Ideen auseinanderzusetzen. Denn genau das macht überlegene Köpfe aus, und überlegene Menschen werden keine Minute zögern, meinem Aufruf zu folgen.

Die Menschen legen großen Wert auf die Meinung anderer

Die meisten Menschen können sich kaum dazu entschließen, etwas alleine in Angriff zu nehmen. Sie müssen erst wissen, was der Rest der Menschheit darüber denkt. Um irgendjemand von irgendetwas zu überzeugen oder ihm irgendetwas zu verkaufen, halten Sie am besten umfangreiches Referenzmaterial bereit – Zitate echter Menschen, die auf echte Ergebnisse verweisen können. Und das heißt umgekehrt, dass Sie die Qualität Ihrer Leistungen und Produkte immer auf höchstem Stand halten sollten. Die Leute werden hinter Ihrem Rücken über Sie sprechen. Sie haben nur eine einzige Möglichkeit, Ihren guten Ruf zu wahren: Sie müssen jederzeit tadellose Leistungen bringen und der Welt beweisen, dass auf Sie Verlass ist. Wie gesagt, Ihre Mitmenschen entscheiden nicht allein für sich, ob Sie zu gebrauchen sind oder nicht. Sie werden auch ihre Familie, ihre Freunde, Kollegen und Bekannten um deren Meinung bitten. Unterstützen Sie die Leute dabei, das über Sie zu denken, was Sie gerne über sich gedacht haben möchten. Stellen Sie Ihnen Zitate anderer bereit, die Sie in gutem Licht erscheinen lassen.

Die Menschen handeln nur aus selbstsüchtigen Motiven, egal was sie sagen oder was Sie denken mögen

Jeder widerspricht dieser Binsenwahrheit. Und dennoch ist sie richtig. Niemand tut etwas, ohne den geheimen Wunsch, selber davon zu profitieren. Selbst die Uneigennützigsten unter uns handeln so, dass sie daraus ein besseres Selbstwertgefühl ziehen. Wenn Sie mehr von irgendetwas verkaufen wollen, dann verknüpfen Sie Ihre Waren mit dem, was die Leute wollen. Die Menschen werden zum Beispiel bei einem Spendenaufruf mehr Geld hergeben, wenn Sie im Gegenzug etwas erhalten, worauf ihr Name steht. Wenn es ihrem Ego gut tut, werden die Menschen Ihr Produkt oder Ihre Dienstleistung kaufen. Seien Sie ehrlich. Sie tun es auch. Sie haben Geld gegeben und nichts dafür erhalten? Unfug. Sie haben sich besser gefühlt. Andernfalls hätten Sie Ihr Geld nicht hergegeben. Die Gegenleistung war Ihr besseres Gefühl. Wie gesagt, spielen Sie dem Ego der Menschen in die Hände. So werden Sie Freunde gewinnen und Reichtum anhäufen.

Die Menschen reagieren unbewusst auf Ihre unbewussten Absichten

Dieses Prinzip ist meinem Buch *The Attractor Factor* entnommen. Es besagt, dass Ihre unbewussten Wünsche Auswirkungen auf andere haben. Denn auf gewisse Weise erziehen Sie die Menschen damit umzugehen, was Sie sagen und nicht sagen. Als ich neulich mit Bob Procter telefonierte, erklärte er: „Deine Energie springt über und berührt denjenigen, mit dem du dich gerade unterhältst."

Das bedeutet: Wenn Sie einen inneren Hang zur Selbst-Sabotage haben, wenn Sie versuchen, jemanden übers Ohr zu hauen, oder wenn Sie von Ihrem eigenen Job nicht überzeugt sind, dann wird jeder potenzielle Kunde dies spüren. Sie werden auf Ihr Unbewusstes reagieren. Wenn Sie mehr Geschäfte machen möchten, dann verschaffen Sie sich Klarheit. Seien Sie stimmig mit sich selber. Stellen Sie sicher, dass Sie von Ihnen und Ihrem Geschäft ganz überzeugt sind. Und von den guten Absichten Ihrer Kunden.

Menschen werden weder ihre Emotionen noch ihre eigentlichen Wünsche jemals ändern – sie ändern nur ihr Äußeres und ihre Werkzeuge

Seit Anbeginn der Zeit beschäftigten die Menschen dieselben Wünsche und Gefühle. Die drei wichtigsten Ziele eines jeden, der unter uns lebt, lauten: Nahrung, Liebe, Geld. Genau das waren die Ziele der Menschen im Jahr 1700 und werden auch im Jahr 2700 ihre Ziele sein. Einzig die Bräuche und Sitten ändern sich, und die Technologien. Doch der Mensch bleibt Mensch. Sprechen Sie die grundlegenden, eigennützigen Interessen der Menschen an – helfen Sie ihnen beispielsweise, Nahrung, Liebe und Geld zu finden – im Gegenzug werden sie auch Ihnen bei wenigstens einem Ihrer Ziele behilflich sein.

DIE RICHTIGE HANDHABUNG

Den Sinn Ihres Lebens bestimmen

Sie können haben, was Sie wollen, solange Sie es nicht haben wollen

Irgendwann im Leben werden Sie erkennen, dass die Begierde wie eine Sucht wirkt, die just das in weite Ferne rücken lässt, was Sie sich so sehr wünschen. Solange Sie sich etwas wünschen, ohne ein starkes Bedürfnis dafür zu empfinden, können Sie es haben. Sobald Sie aber eine echte Begierde dafür entwickelt haben, senden Sie ein Signal aus, das das Objekt Ihrer Begierde weit weg rücken lässt. Es handelt sich hierbei um ein schon sehr fortgeschrittenes Konzept. Machen Sie sich also keinen Kopf, wenn Sie sich zu diesem Zeitpunkt noch schwer damit tun.

Wie aus Wut nur Lumpen wurden

MARK JOYNER

Als junger Punkrocker lebte ich in Reno, im Bundesstaat Nevada. Einer meiner Vorbilder war eine lokale Größe namens Tony Hospital. Wir nannten ihn *Hospital* (Engl. für: *Krankenhaus*), weil ihn sein rasanter Stil beim Skateboard-Fahren und Surfen immer wieder genau dorthin brachte.

Eines Tages kam er zu mir nach Hause, um sich die Haare schneiden zu lassen (wir schnitten uns regelmäßig die Haare gegenseitig, denn eine Punkrock-Frisur stellt keine wirkliche Herausforderung dar). Er bat mich, das Wort rage (*Wut*) in seine Frisur zu rasieren. Unvorsichtigerweise nutzte ich den vorhandenen Raum auf Tonys Schädel zu großzügig aus, und nachdem ich rag (*Lumpen*, aber auch: *Scherz*) frisiert hatte, blieb kein weiterer Platz mehr. Für einen kurzen Moment dachte ich, mir stünde eine ordentliche Abreibung bevor (ehrlich, Tony kannte null Angst), und so händigte ich ihm den Spiegel nur zögerlich aus.

Er inspizierte seinen Kopf und sagte: „Rag. Cool! Rag!“, stand auf, nahm sein Skateboard, und begann vor meinem Haus auf und ab zu fahren.

Tony kannte keine Angst, aber gewalttätig war er nicht. Er hatte ein großes Herz und liebte das Leben.

Andere hätten sicher mit Zorn oder Verlegenheit reagiert, aber Tony machte es einfach zu etwas Positivem, stand auf und skatete weiter.

Dieser Moment hinterließ einen tiefen, bleibenden Eindruck auf mich. Obwohl ich mich an jedem Tag meines Lebens darum bemühe, ist es mir noch nie gelungen, so unberührt und innerlich so unaufhaltsam auf etwas zu reagieren.

Später erfuhr ich dann, dass Tony angefangen hatte, Heroin zu spritzen. Auch seine Freundin brachte er an die Nadel. Sie setzte sich schließlich eine Überdosis und starb.

Am ersten Jahrestag ihres Todes nahm Tony sich ebenfalls das Leben.

Ich hatte immer gedacht, das Leben mit Leidenschaft und unbehelligt von jeglichen negativen Einflüssen zu führen, sei der Schlüssel zu einem glücklichen und erfüllten Leben. Doch Tony hatte es offenbar zu weit getrieben. Oder er hatte sich schlicht an den falschen Orten herumgetrieben.

An diesem Punkt bin ich geneigt, darüber herumzuphilosophieren, wie doch unsere Leidenschaften ebenso gut Verderben wie auch Schaffenskraft hervorbringen können. Ich könnte vom goldenen Mittelweg schwadronieren und das Hohelied der inneren Ausgeglichenheit anstimmen. Aber all das wäre nichts als zügelloses Herumgebrabbel.

Ich werde nicht vorgeben, zu verstehen, wie oder weshalb Tony dieses Schicksal ereilt hat. Wichtig für Ihr Leben ist es, um sein Schicksal zu wissen. Weiter nichts.

Mark Joyner ist ein gefeierter Internet- und Buchautor. Sein jüngster Titel lautet: „The Irresistible Offer". Weitere Informationen unter: www.mrfire.simpleology.com.

Zwei Takte Weisheit

Blair Warren

Als Erstes gilt es zu begreifen, dass sich niemand jemals daran gemacht hat, etwas Großes zu leisten. Niemand hat einen großen Roman verfasst, ein großes Bild gemalt oder gar ein großes Menü kredenzt. Egal was wir tun: Sollte es *jemals* als etwas Großes aufgefasst werden, so kann diese Bewertung immer erst *im Anschluss* erfolgen, nicht aber schon während der Schaffensphase selber. Zudem wird das Gütesiegel *Großartig* immer *von anderen* verliehen, niemals vom Erschaffer selber.

Worauf ich damit hinaus will, ist unsere Versuchung anzunehmen, dass Menschen, die Meisterwerke geschaffen haben, auch *wussten*, dass sie Meisterwerke schufen, und dass ihre Erfahrung des Schaffensprozesses sich von dem, was wir kennen, grundsätzlich unterscheiden müsse. In Wahrheit aber hat Hemingway einfach Worte zu Papier gebracht, und zwar eines nach dem anderen, genau wie jeder andere das tut. Michelangelo hat einen Pinselstrich nach dem anderen gezogen, genau wie jeder andere von uns. Ihre Werke wurden erst zu Meisterwerken, nachdem sie vollendet waren und von anderen Menschen als etwas Großes erachtet wurden.

Ich empfinde diesen Gedanken in denjenigen Momenten, in denen ich mich selber mit dem Schreiben schwer tue, als sehr befreiend. Denn wenn ich mich daran erinnere, dass selbst große Autoren solche Momente durchlitten haben, finde ich wieder den Mut weiterzumachen. Mein zweiter Gedanke ist folgender: Es ist ungeheuer wichtig, zwischen einer Illusion und dem Urheber dieser Illusion unterscheiden zu können. So habe ich beispielsweise als Kind Gene Simmons von der Rockband Kiss unendlich bewundert. Ich wollte genau wie er sein, und habe alles unternommen, das zu erreichen. Das Problem war nur, dass ich einer Illusion nacheiferte. Denn wie sich später zeigte, war Gene Simmons keineswegs der Blut und Feuer spukende Rebell, den ich auf der Bühne erlebt hatte. Es war alles nur Show gewesen. Viele Jahre später erfuhr ich die Wahrheit über Gene Simmons, der ein gebildeter, konservativer Mensch war, und ein Leben lang weder Drogen noch Alkohol anrührte. Ich kam mir vor wie ein Volltrottel. Aber damals war ich dreizehn Jahre alt und glaubte alles, was ich sah. Mir schaudert bei dem Gedanken, wie anders mein Leben verlaufen wäre, wenn ich schon damals die Wahrheit gewusst und dem Urheber der Illusion statt der Illusion nachgeeifert hätte.

Blair Warren ist TV-Produzent und Autor.
Weitere Informationen unter: www.BlairWarren.com.

Sei, wer du bist, ehrlich, aufrichtig und mit ganzem Herzen.
Es gibt niemanden, der besser du sein könnte.

– Harmony McCormick-Witstyn, 14 Jahre

Vielleicht ist das Altern keine Notwendigkeit

Die Frage, weshalb wir altern, stellt viele Wissenschaftler vor ein unlösbares Rätsel, denn schließlich befinden sich unsere Körper in einem ständigen Prozess der Erneuerung. Weshalb also altern wir?

Schlechte Ernährung und ungesunde Angewohnheiten (Alkohol, Nikotin und so weiter), Stress, unsere tief verwurzelten Überzeugungen und Programmierungen, das Altern sei normal, und vor allem aber: Der Ballast, den wir jeden Tag mit uns herumschleppen, macht uns alt.

Das Altern ist möglicherweise keine Notwendigkeit und sollte als Krankheit aufgefasst werden, und nicht als ein natürlicher Aspekt unseres Daseins. Diese Vorstellung wird jedoch nicht einfach zu akzeptieren sein, da die meisten Leute sich einfach nur umschauen, andere altern und sterben sehen und daraus den Schluss ziehen, dies sei der natürliche Gang der Dinge. Aber es ist nicht normal.

Geld ist Energie

Geld ist neutral. Sie werden im Leben Menschen erleben, die für Geld sterben oder töten, doch letztlich nur hinter etwas her sind, das an und für sich ohne Bedeutung ist.

Geld ist nur ein unschuldiges Mittel zum Tausch. Durch Geld müssen wir nicht mehr Schuhe gegen Tomaten eintauschen. Geld vereinfacht uns den Gütertausch.

Geld ist Energie und hat keinerlei Bedeutung.

Worauf es ankommt, ist die Frage, weshalb Sie Geld haben und was Sie damit anfangen wollen.

Marketing ist nicht bösartig

Ich traf gestern auf einen Rancher, der Büffel züchtet und Büffelprodukte herstellt und verkauft. Der Büffelzüchter kam aus dem Schwärmen gar nicht mehr heraus. Ich wusste beispielsweise nicht, dass Büffel niemals an

Krebs erkranken. Oder dass Büffelfleisch magerer, gesünder und besser ist als jedes andere rote Fleisch. Ich wusste ebenso wenig, dass Büffelfleisch sogar weniger Kalorien enthält als Hühnchen.

„Nur wissen die meisten Leute nicht, wie man es kocht", klärte mich der Rancher auf. „Da das Fleisch so zart ist, darf es nur ganz allmählich und auf kleiner Flamme gegart werden."

Er fuhr fort:

„Menschen, die die Paläo-Diät befolgen, die auch als Höhlenmensch-Diät bekannt ist, sind immer wieder begeistert. Mit dieser Diät können Sie auf ganz natürliche Art und Weise abnehmen und Ihren Körper wieder in Ordnung bringen," sagte er. „Ich esse täglich ein bis zwei Pfund Büffelfleisch und etwas Gemüse. Mehr brauche ich nicht, um fit und kräftig zu bleiben."

Ich war so fasziniert von seinen Ausführungen, dass ich auf der Stelle eine große Bestellung bei ihm aufgab.

Doch hatte der Rancher auch einige überraschende Ansichten.

„Ich bin nur ein Rancher", erklärte er. „Ganz alleine betreibe ich meine Ranch und arbeite Tag und Nacht. Und am Ende muss ich auch noch raus und für all das Zeug hier Marketing betreiben. Fast hasse ich es."

„Sie hassen Marketing?", fragte ich.

„Ich habe erst vor Kurzem den Schauspieler Billy Bob Thornton im Fernsehen gesehen, der sagte: ‚Marketing ist böse.'"

„Das ist interessant", erwiderte ich. „Thornton ist ja gerade deshalb im Fernsehen, um für seinen neuesten Film zu werben."

„Wie auch immer, ich mag Marketing nicht", sagte der Rancher. „Vielleicht, weil ich nicht weiß, wie es funktioniert."

In diesem Moment stieg Nerissa aus dem Auto, und gesellte sich zu mir und dem Rancher. Er bot ihr eine Kostprobe seines Büffel-Trockenfleisches an. Er hielt es ihr entgegen und sagte: „Wenn Sie das hier essen, werden Sie für den Rest des Tages satt sein. Es gibt keine sättigendere und wohlschmeckendere Nahrung als dieses Büffelfleisch", versprach er ihr. „Es ist frei von Konservierungsstoffen und hundertprozentig natürlich."

Natürlich wollte ich jetzt auch von seinem Trockenfleisch probieren.

Um unsere Bestellung zu notieren, holte er ein sehr edles Notizbuch aus seinem Lieferwagen. Gerade stand er im Begriff, sein Notizbuch auf die Haube meines BMW Z3 zu legen, als ich ihm dazwischenfuhr:

„Bitte keine Kratzer", sagte ich.

„Schauen Sie mal", sagte er und fuhr dabei mit der Hand über das Leder des Notizbuchs. „Kommen Sie, spüren Sie selber und schauen Sie, wie weich es ist."

Ich kam seiner Einladung nach. Das Leder war weich wie Butter.

Jetzt stellte mir der Rancher eine ziemlich suggestive Frage: „Können Sie sich vorstellen, wie es ist, in ein Geschäftstreffen zu gehen und solch ein Notizbuch unterm Arm zu tragen?"

Natürlich sprach diese Frage den visuellen Bereich meines Gehirns an und rief mein Ego auf den Plan. Dieses ungewöhnliche Produkt musste ich haben und zwar sofort.

„Wo kann ich eines bekommen?", fragte ich.

„Ich kann eines für Sie anfertigen lassen, wenn Sie möchten."

Also bestellte ich auch ein Büffel-Notizbuch.

Ich bezahlte meine Bestellung und schüttelte dem Rancher die Hand. Als er in seinen Lieferwagen stieg, brummelte er noch, wie sehr er Marketing verabscheue. Er sei bei seinen Bemühungen, das Marketing zu erlernen, so weit zurück, erklärte der Rancher, dass er mit quasi prähistorischen Mitteln Werbung treibe.

„Dann praktizieren Sie wohl Paläo-Marketing", scherzte ich.

Er lachte und fuhr davon.

Es war ihm offenbar entgangen, dass er seinen nicht vorhandenen Marketingfähigkeiten an diesem Tag eine Menge Umsatz verdankte. Ich habe ihm Fleisch, Trockenfleisch und ein Notizbuch abgekauft. Und, was ich noch gar nicht erwähnt habe, eine Kiste Honig habe ich ihm ebenfalls abgenommen. Auch war nichts von alledem wirklich günstig.

Ich habe es schon früher gesagt, und ich sage es wieder: Marketing bedeutet nichts weiter, als diejenigen, die Ihr Produkt oder Ihre Dienstleistung am meisten interessieren könnte, auf gewinnende Art und Weise darüber zu informieren, dass sie Ihre Produkte oder Dienstleistung erwerben können.

Genau das lehre ich den Teilnehmern meines Executive Mentoring Programs. Ich wiederhole: Marketing bedeutet nichts weiter, als diejenigen, die Ihr Produkt oder Ihre Dienstleistung am meisten interessieren könnte, auf gewinnende Art und Weise darüber zu informieren, dass sie Ihre Produkte oder Dienstleistung erwerben können.

Es geht nicht um Manipulation.

Es geht um Information.

Je leidenschaftlicher und aufrichtiger Sie Ihre Informationen vermitteln, desto unwiderstehlicher Ihr Marketing.

Doch wenn Sie versuchen, Ihre Ware an jemanden zu vermarkten, der sich dafür nicht interessiert, dann könnten Sie als bösartig wahrgenommen werden.

Was dieser Rancher tat, war reinstes Marketing, auch wenn er sich das nie eingestehen würde. Seine Liebe für seine Produkte war offensichtlich.

Er isst Büffel, er trägt Büffel, er züchtet Büffel und er redet Büffel. Er redet keinen Büffelmist, er redet Büffel. Und wenn er redet, dann wird jeder, der sich auch nur ansatzweise für Büffel interessiert, bei ihm kaufen.

Marketing ist nur dann bösartig, wenn Sie lügen oder jemanden täuschen, um ein Geschäft zu machen, oder wenn Ihre Botschaft für das angesprochene Publikum völlig ungeeignet ist. Niemand sollte so verfahren. Niemals. Solch ein Verhalten ist nicht zu entschuldigen.

Wenn Sie ein Produkt oder eine Dienstleistung anbieten, von dem oder der Sie überzeugt sind, dann sollten Sie Ihre Begeisterung an das passende Publikum weitergeben. (Wenn Sie von Ihrem Produkt oder Ihrer Dienstleistung nicht überzeugt sind, was versuchen Sie dann, diese zu verkaufen?)

Anders gesagt, wenn Sie etwas haben, das einer bestimmten Gruppe von Menschen einen wirklichen Nutzen bringen kann, ihnen aber nicht davon berichten, bringen Sie diese Menschen dann nicht um wichtige Informationen zu deren Nachteil?

Wie gesagt, beim Marketing geht es im Wesentlichen um Ihre Liebe für die Dinge, um Ihre Leidenschaft, um Ihre Überzeugungen. Wenn Sie Ihre Liebe, Ihre Leidenschaft und Ihre Überzeugungen mit Menschen teilen, die sich darüber freuen, dann führt das in aller Regel zu einem Verkaufsabschluss, und zwar auf einfache, natürliche und selbstverständliche Art und Weise. Und das ist kein Büffelmist.

Fehlschläge bedeuten nicht den Tod

Ein berühmter Geschäftsmann sagte einst: „Ich bin jetzt 74 Jahre alt und Millionär, aber ich musste vieles versuchen und viele Fehlschläge hinnehmen, um bis hierher zu kommen. Und was ich über Fehlschläge gelernt habe, ist: Es widerfährt dir nie etwas Schlechtes."

Es widerfährt dir nie etwas Schlechtes.

Da ist es. Das ist das Geheimnis zum Umgang mit Fehlschlägen. Sie nehmen Ihre nächste Aufgabe in Angriff. Sie stecken nicht den Kopf in den Sand. Sie holen tief Luft. Sie rappeln sich auf. Sie schlagen sich den Staub von den Kleidern. Sie lernen Ihre Lektion.

Und Sie gehen zur nächsten Aufgabe über.

Fehlschläge bedeuten nicht den Tod.

Zum Umgang mit dem Tod

Wenn Sie derjenige sind, den der Tod ereilt hat, dann können Sie diesen Abschnitt getrost überspringen.

Wenn Sie jemanden verloren haben, der Ihnen nahe stand, dann dürfen Sie sich darüber freuen, dass sich dieser Mensch zu seinem nächsten Abenteuer aufgemacht hat.

Es ist in Ordnung, ihn zu vermissen.

Es ist in Ordnung, Tränen zu vergießen.

Trauer ist Teil unserer menschlichen Erfahrung.

Es wird seine Zeit brauchen.

Mit Ihnen ist dennoch alles in Ordnung.

Das Einzige, worauf Sie sich verlassen können

Wir kommen gerade von einer Reise nach Houston zurück. Dort haben wir an der Beerdigung meiner Ex-Frau Marian teilgenommen, die mir in den vergangenen 27 Jahren meine beste Freundin war.

Über die gesamte dreistündige Anfahrt hinweg stürmte und regnete es. Die Stadt stand buchstäblich unter Wasser, die düsteren Wolken warfen ihren Regen auf uns herab und der Verkehr war dicht und gefährlich. Doch einige Dutzend Menschen trotzten dem Sturm und wohnten der Beerdigung bei. Einige der Anwesenden hatte ich 15 Jahre nicht gesehen. Einige kannte ich schon seit über 30 Jahren. Einigen war ich nie begegnet und kannte sie nur durch die Erzählungen von Marian. Es war eine warmherzige, liebevolle und vertraute Gruppe von Menschen, die eines miteinander teilten: ihre Liebe zu Marian.

David, in den letzten Jahren Marians bester Freund, erhob sich und verlas Auszüge aus Marians unveröffentlichter und unvollendeter Autobiographie. Er wollte zeigen, wie diese Frau als Kind die Hölle durchmachen musste und irgendwie dennoch lernte, bedingungslos zu lieben.

Die Geschichten über Marians bösartige Großmutter und ihren kaltherzigen Vater erinnerten mich daran, weshalb Marian sich als junge Frau in Oregon das Leben nehmen wollte. Glücklicherweise tat sie es nicht und genoss mehr als 30 weitere Jahre lang das Sonnenlicht des Lebens.

Ich hatte nicht geplant, während der Beerdigung eine Rede zu halten. Nachdem ich vier Tage gelitten und mir in meiner Rückgezogenheit die Augen ausgeheult hatte, weil ich einen Menschen, der mich fast drei Jahrzehnte begleitet hatte, so sehr vermisste, glaubte ich kaum auf zwei Beinen stehen, geschweige denn laut und deutlich sprechen zu können. Doch ich überraschte mich selber. Ich stand auf, trat an das Podium und suchte nach den passenden Worten. „David hat etwas ausgelassen", begann ich. „Er vergaß euch den Titel der Lebensgeschichte Marians zu sagen. Sie gab ihrer Biographie den Titel: ‚Alles ist gut'."

Ich erklärte, dass Marian immer das Gute im Leben sah, obgleich sie so viele schmerzvolle Erfahrungen hatte machen müssen – ihre unglückliche Kindheit, ihr beinahe tödlich endender Autounfall vor zwei Jahren, die Belästigungen durch ihren Therapeuten, ihr Ringen um ihr Selbstwertgefühl und anderes mehr. Und schließlich erzählte ich der Trauergemeinde, was ich auf meinem Weg zur Beerdigung erlebt hatte, eine Geschichte, wie sie Marian geliebt hätte.

„Ich war auf dem Weg hierher, als mich der berühmte Schauspieler James Caan auf meinem Handy anrief," berichtet ich. Ich erklärte, dass einer meiner Kunden ein guter Freund von Caan ist. Der Anruf kam also nicht gänzlich überraschend.

Mein Handy klingelte und ich hörte diese bekannte Stimme sagen: „Joe, hier spricht Jimmy Caan."

„Große Güte!"

„Was machen Sie gerade?", fragte er mich.

„Nun, ich bin auf dem Weg zu einer Beerdigung."

„Einer Beerdigung?!"

„Ich habe meine Ex-Frau und beste Freundin verloren", sagte ich.

„Mein Beileid, aber ich bin froh, dass es Ihre Ex-Frau war", sagte er, wobei er das Wort „Ex" betonte, da er natürlich nicht wissen konnte, wie sehr Marian und ich uns nach unserer Scheidung verbunden geblieben waren.

Es folgte ein unangenehmes Schweigen.

Ich hatte einen echten Promi am Telefon, einen heute 64 Jahre alten Mann, der vor Leben pulsierte und der jede Woche in einer TV-Show mit dem Titel *Las Vegas* auftrat. Ich wollte mehr. Ich dachte, vielleicht könnte er mir etwas Weises sagen, das mir mein Leiden erleichtern würde. Bis jetzt hatte ich noch keine Wunderwaffe entdeckt, kein Gegenmittel, keinen Zauberspruch, kein Buch oder sonst irgendetwas gefunden, das mir meine Trauer hätte erleichtern können.

„Haben Sie irgendeinen Tipp für mich?", fragte ich.

„Einen Tipp?!", fragte er überrascht. „Sie brauchen keinen Tipp von mir. Ich habe viele Ex-Frauen, und von einigen würde ich mir wünschen, sie würden mit Ihrer Ex-Frau den Platz tauschen."

Ich lachte laut.

Und als ich unserer Trauergemeinde die Geschichte erzählte, mussten ebenfalls alle lachen.

Und plötzlich erkannte ich, dass ein Wunder geschehen war.

„Marian hat gesagt, alles sei gut", erklärte ich den Anwesenden auf der Beerdigung. „Sie liebte Kinofilme und war ein großer Fan von *Der Pate.* Die Tatsache, dass ich heute mit James Caan gesprochen habe, am Tag ihrer Beerdigung, hätte ein Lächeln in ihr Gesicht gezaubert, eines ihrer breiten, ansteckenden, strahlenden Lächeln. Marian kannte das Geheimnis des Lebens schon, noch bevor ich und die meisten anderen Menschen es begriffen hatten."

Ich brach in Tränen aus und sagte: „Ich habe vier Tage der reinen Hölle hinter mir, in denen ich Marian auf schmerzlichste Art vermisst habe. Doch auf irgendeiner Ebene und auf eine Weise, die ich noch nicht ganz begreife, ist alles gut."

Das ereignete sich gestern Abend. Die Beerdigung ist vorbei. Marian verschwunden.

Was ich am Tod nicht mag, ist seine unbarmherzige Endgültigkeit. Es gibt kein Postskriptum, kein Nachwort, keine Möglichkeit, noch einmal Hallo zu sagen, oder sich auf Wiedersehen zu wünschen, oder zu sagen, „es tut mir leid", oder „ich liebe dich", oder sonst irgendetwas. Nichts. Zack. Aus, vorbei, das war's. Stecker raus, Ende.

Sicher, Sie können sich im Geiste noch mit dem Verstorbenen unterhalten und Gespräche führen, aber der Mensch selber, die Person aus Fleisch und Blut, die Sie gekannt und geliebt haben, und die sie berühren und umarmen konnten, ist verschwunden.

Mein Rat an Sie und an mich selber ist es, jetzt und hier zu leben. Stellen Sie sicher, dass Sie alles in Ordnung halten – verfassen Sie ein Testament, schließen Sie jeden Tag mit Ihrer Familie und Ihren Freunden Frieden – und schauen Sie jederzeit nach dem Guten in den Dingen. Es mag Ihnen am Anfang schwerfallen, aber Sie werden es lernen.

Beispielsweise hat mich neulich ein Freund angerufen, um sich zu erkundigen, wie ich den Verlust verwunden hatte. Wir sprachen eine Weile. Er erzählte von seinen Gefühlen der Trauer. Er sagte: „Es ist so einfach, sich dem negativen Grübeln hinzugeben."

Ich stimmte ihm zu, aber als ich nachdachte, wurde mir klar, dass ich nicht in negatives Grübeln verfiel. Ich trauerte. Es gibt in meiner Trauer Momente, in denen ich kaum vernünftig funktionierte. Aber ich gab mich keinen negativen Grübeleien hin. Durch mein Leben und meine Zeit mit Marian hatte ich gelernt, dass „alles gut ist". Selbst die Trauer. Selbst der Tod.

Als wir heute morgen von Houston wieder nach Hause fuhren, kam der Verkehr urplötzlich zum Erliegen. Wir hatten keine Ahnung, was geschehen war. Dann sahen wir einen Helikopter aufsteigen und wussten jetzt, dass jemand große Verletzungen erlitten hatte und ins Krankenhaus gebracht wurde. Als der Verkehr wieder ins Rollen kam, konnten wir die Trümmer eines schrecklichen Autounfalls erkennen.

Nur Augenblicke vor dem Unfall werden sich die Leute im Auto noch unterhalten, gelacht, und vielleicht ihre Pläne für den Abend besprochen haben. Jetzt sind sie verletzt, vielleicht gab es Tote.

Sie können nie wissen, wann Ihr letzter Moment gekommen ist. Ich rate Ihnen deshalb, Ihr Leben jetzt zu leben.

Ich rate Ihnen, jede Gelegenheit beim Schopfe zu ergreifen, die sich Ihnen präsentiert. Ich rate Ihnen, häufiger zu lächeln, andere zu umarmen, sich mitzuteilen, zu weinen, zu lachen, Risiken einzugehen und zu vergeben. Ich rate Ihnen, Ihre Gedanken zu prüfen, die negativen auszusortieren, und sie ganz bewusst durch positive zu ersetzen.

Sicher, das kann am Anfang schwierig sein, ich weiß. Durch die Kurse des Mental Toughness Institute (Institutes für mentale Stärke), an denen ich teilnehme, habe ich gelernt, dass wir unsere Gedanken auf ein höheres Niveau bringen können. Dass wir negatives Denken überwinden können. Dazu müssen Sie einfach nur Ihr Gehirn neu trainieren. Sie haben die Kraft dazu. Vielleicht brauchen Sie nur ein wenig Unterstützung, um sich neue Denkgewohnheiten anzueignen.

Nun, Marian hat uns den Weg gewiesen.

Sie sagte stets: ‚Alles ist gut'."

Das Hier und Jetzt ist der einzige Moment in Ihrem Leben.

Es ist der einzige Moment, auf den Sie sich verlassen können.

Das ist alles.

Und es ist gut so.

Das Geheimnis des Heilers und wie dieses Geheimnis Ihre Beziehungen verändern kann

DR. PAED. WILLIAM WITTMANN, GEPRÜFTER MASSEUR

Meine Mutter offenbarte mir eines der größten Geheimnisse, die ein Heiler überhaupt kennen kann. Ja, im Grunde basiert meine gesamte Heilarbeit auf diesem Geheimnis. Wenngleich mir dieses Geheimnis bereits im Alter von acht Jahren offenbart wurde, vertieft sich mein Wissen um seine Bedeutung im Laufe der Jahrzehnte weiter.

Folgen Sie mir zu einer kurzen Reise in die Vergangenheit. Wir befinden uns im Amerika der Mitte der 50er-Jahre. Alles stand noch unter dem Eindruck des Zweiten Weltkriegs, an dem meine Eltern und die Eltern all meiner Freunde auf die eine oder andere Weise teilgenommen hatten. Diese Generation sollte diese Zeit für den Rest ihres Lebens immer nur als „den Krieg“ bezeichnen. Auf den Fernsehern, die damals noch ausschließlich Schwarzweiß-Bilder empfingen, waren die Filme mit John Wayne allgegenwärtig. Waffen und Krieg waren fester Bestandteil unseres Alltagslebens. Krieg war noch eine gute Sache.

Ich lebte damals in Sandy Springs, im Bundesstaat Maryland und eröffnete mein erstes Konto bei einer Bank, die Quäkern gehörte und von Quäkern geführt wurde. Hinter der Bank lag das Versammlungshaus der Quäker-Gemeinde, wo meine Mutter und ihre Familie an den regelmäßigen Versammlungen teilnahmen und auch ich hin und wieder erscheinen musste. Jeden Sommer einmal mussten wir die Tortur auf uns nehmen und teilnehmen.

Doch jetzt zur eigentlichen Geschichte.

„Mama“, fragte ich, „weshalb tragen die Wächter vor der Bank keine Gewehre?“ Meine Fantasiewelt war bevölkert von Polizisten und Räubern, und so war mir dieser Regelbruch aufgefallen. Ich hatte Angst um meine Ersparnisse, die ich dieser Bank anvertraut hatte.

Nach einer kurzen Pause gab sie mir eine ehrliche Antwort: „Nun, Quäker glauben, dass der Christ in jedem Menschen steckt."

... Und ich begriff, was sie sagte!

Wie erstaunlich, dass diese Worte bis in mein vom Indianertöten, Fortverteidigen und Frontsoldatentum durchtränktes Hirn vorstoßen konnten.

Ich verstand, „dass du nicht auf den anderen schießen kannst, wenn du glaubst, dass er Christus in sich trägt, denn damit würdest du Christus selber töten." All das ergab perfekten Sinn für mich.

Der Christ steckt in jedem Menschen.

– MARGARET WITTMANN, MUTTER DES VERFASSERS

Eine ökumenische Anmerkung

Ich wuchs in christlicher Tradition auf und fühle mich wohl mit dieser Tradition, doch will ich Ihnen versichern, dass ich alle Prinzipien, um die es in diesem Kapitel geht, auch in vielen anderen Glaubensrichtungen wiedergefunden habe. Sie sind weder christlichen Ursprungs, noch sind sie auf den christlichen Glauben beschränkt.

Im Gespräch mit meinen Kunden versuche ich allerdings christliche Terminologie zu vermeiden, denn den meisten schwirren zu viele unklare Glaubensgrundsätze im Kopf umher, die sich nach jahrelangem kulturellen Einfluss bei ihnen eingenistet haben. Da kaum einer meiner Patienten einer buddhistischen Glaubensrichtung angehört, verwende ich eine buddhistische Terminologie, denn sie ist nicht durch die persönliche Vorgeschichte meiner Patienten vorbelastet. Ich bin noch niemandem begegnet, der negative Vorurteile gegen den Buddhismus gehabt hätte. Die buddhistische Terminologie ist den meisten meiner Kunden völlig neu.

Hier ist eine weitere Weisheit, die ich gerne schon früher gelernt hätte:

Erleuchtete Lehrer aller Glaubensrichtungen vertreten dieselben Glaubensgrundsätze.

Welcher Nutzen ergibt sich aus „Der Christ steckt in jedem Menschen"?
Die meisten Ärzte nehmen Menschen nur über ihre Beschwerden, ihren Gesundheitszustand und ihre Krankheiten wahr. Es ist sehr einfach, in diese Falle zu tappen. Wir Menschen lieben es, alles zu kategorisieren und in Schubladen zu stecken:

- Der Nierenpatient in Zimmer 305.
- Der manisch-depressive Patient von gestern.
- Die alte Dame in meinem Büro.

In dem Moment, in dem ich als Heiler einen Menschen nur über seine Krankheit oder über seinen Gesundheitszustand wahrnehme, gebe ich meine Heilkraft auf. Wenn ich auf die mir gezeigten Symptome hereinfalle und an ihre Probleme glaube, verschwinden sämtliche Möglichkeiten der Heilung. Die Menschen sind damit verdammt, den Weg ihrer Krankheit oder ihrer Beschwerde bis ans Ende zu folgen.

Als Heiler muss ich immer daran arbeiten, „den Christ" in meinen Patienten zu erkennen. Ich sage *arbeiten*, weil manche Patienten solch überzeugende Geschichten mitbringen, dass ich mich von diesen gefangen nehmen lasse, und mitunter gar versucht bin, meine Patienten zu retten.

Wenn ich mich aber daran erinnere, dass sie Christus sind, oder Buddha oder Wesen aus Weißem Licht, dann bedürfen sie keiner Rettung. Ich setze dann meine über 30-jährige Erfahrung ein, um bei den vorliegenden Problemen zu helfen und das wunderbare Wesen meiner Patienten zu unterstützen. „No worries" – nur keine Sorgen – wie die Australier zu sagen pflegen.

Wir werfen unsere weltlichen Fähigkeiten nicht über Bord; wir nutzen sie vielmehr gemeinsam mit diesen Einsichten. Wenn wir unsere Einsichten und unsere Fähigkeiten zusammenbringen, wird unsere Arbeit viel leichter und es ergibt sich das Potenzial zu schier unglaublichen Heilerfolgen.

Eine wirksame Heilmethode: Dem Christ die Hand reichen

Ich kann meinen Patienten am besten dienen, wenn ich dem Christ in ihnen die Hand reiche, um an ihren Problemen zu arbeiten.

Denn wo zwei oder drei versammelt sind in meinem Namen,
da bin ich mitten unter ihnen.

– Matthäus 18:20

Diese Lehre gründet auf Ihrem Wissen, dass der „Christ in jedem Menschen steckt." Wenn wir uns mit dieser tiefen, spirituellen Wahrheit vereinen, werden wahre Wunder möglich.

Stellen Sie sich vor, mit wie viel Vertrauen Sie arbeiten könnten, wenn Sie wüssten, dass sich *Ihre* Arbeit mit dem Heiligen verbindet. Möglichkeiten würden entstehen, die weit jenseits jener Möglichkeiten liegen, die wir haben, wenn wir nur auf die normale Prognose eines Krankheitsverlaufs blicken. Der Christ in mir reicht also dem Christ in meinem Patienten die Hand und eine Heilung findet statt, neue Möglichkeiten entstehen, die Welt verändert sich.

Wenn ich Patienten bei meiner konkreten Körperarbeit berühre, dann nehme ich Kontakt mit dem Heiligen auf, dem Ahnen und der Weisheit in meinem Patienten. Diese Weisheit weiß, wie sie heilen kann. Ich lausche nur und folge den Anweisungen.

Ich hätte die Auswirkungen dieser Einsicht auf eine tiefere Ebene gerne schon viel früher verstanden, aber ich werde nicht klagen. Vielleicht dauert es ein Leben, diese Art der Weisheit zu entwickeln.

Meine Fähigkeit, „den Christ“ im Menschen erkennen zu können, ist seit Jahren der Ursprung meines Erfolgs mit meinen Patienten und meinen Schülern.

„Aber William, ich bin kein Heiler, wie soll mir das helfen?“
Nun, zunächst einmal sind wir alle Heiler und Lehrer, richtig? Aber davon mal abgesehen.

Sie stehen den gesamten Tag über mit anderen Menschen in Beziehung. Wenn Sie diese Einsicht, dass „der Christ in jedem Menschen steckt“ auf Ihre Beziehungen übertragen, dann werden sich diese auf wunderbare Art und Weise verändern können.

Stellen Sie sich vor, wie es wäre, wenn alle Menschen in Ihrem Leben erleuchtete Wesen wären. Wie sähe dann Ihr Leben aus?

Der Verkäufer im Geschäft wird zu einem Heiligen, die Kellnerin im Restaurant wird zu einer heiligen Lehrerin und Ihre Liebsten werden zu zauberhaften Wesen.

Die Kraft der Erwartung
Was würde geschehen, wenn Sie erwarten würden, dass jeder, den Sie kennen, und alle, die Sie kennenlernen, erleuchtete Wesen sind? Was, wenn Sie diese Menschen für außergewöhnlich halten würden? Untersuchungen an Schulkindern und ihren Lehrern lassen keinen Zweifel zu.

Wenn Sie eine Klasse durchschnittlicher Schüler nehmen, und ihrem Lehrer erklären, dass alle Schüler in dieser Klasse außergewöhnlich klug und intelligent seien, dann werden diese Schüler bessere Leistungen erzielen und bei Intelligenztests am Ende des Schuljahres höhere Bewertungen erzielen. Und ebenso funktioniert es andersherum.

Unsere Erwartungen beeinflussen unsere Erfahrungen in dieser Welt. Erwarten Sie also erleuchtete Seelen und Sie werden wie im Himmel leben. Kein Witz. In dieser Welt lässt es sich gut leben.

Möge Ihnen dazu der Segen gegeben sein.

William Wittman arbeitet als Körpertherapeut.
Weitere Informationen unter: www.vitalarts.net.

Drei Geheimnisse

Dr. med. Marc Gitterle

Der Glaube ist Voraussetzung zum Gebet – jeder hat dieses Axiom in der einen oder anderen Form bereits gehört. Vielleicht erinnern Sie sich gar an das großartige Gleichnis über das Beten: „Es braucht nicht mehr als ein Senfkorn …" Doch die meisten vergessen die zweite Hälfte des Gleichnisses, die etwa so lautet: „Bete also, dass du dieses Senfkorn Glauben haben mögest."

Wie? Lassen Sie es mich auf den Punkt bringen: Es braucht im Grunde nicht viel Glauben, um beten zu können, doch werden Sie sehr wahrscheinlich nicht einmal dieses winzige Quäntchen an Glauben aufbringen können. „Wow", mögen Sie jetzt denken, „das hat mir noch niemand gesagt! Ich dachte immer, jeder hätte zumindest ein klein wenig Glauben?"

Tatsache ist, nach meiner Erfahrung, dass die meisten unter uns nicht genügend Glauben haben. Ich wage zu behaupten, dass Ihnen dieser Gedanke nie zuvor untergekommen ist, doch dass, wenn Sie ihn jetzt annehmen, sich Ihr Leben für immer verändern wird. Für die wenigen, die den Glauben für sich entdecken, ist dies ein Leben veränderndes Geheimnis. Es ist ein Geheimnis, das sozusagen vor unseren Augen verborgen liegen kann, ein Leben lang.

Sie haben jederzeit Zugriff auf diese Wahrheit, auch jetzt. Beten Sie dafür, dass ein Senfkorn an Glauben in Ihnen zu wachsen beginnt. Beten Sie dafür, dass der Glaube in Ihnen wächst und gedeiht, damit Ihre Gebete ihre Kraft entfalten und ihre Wirkung. Sie werden sich nicht wirklich anders wahrnehmen, aber Sie werden etwas Unsichtbares und doch ungeheuer Mächtiges besitzen, hier und jetzt. Etwas, das Ihnen niemand nehmen kann. Dieses Etwas wird weiter in Ihnen wachsen. Und schon bald wird für jeden, der Sie besser kennt, erkennbar sein, dass sich etwas verändert hat. Ich spreche nicht von irgendwelchen religiösen Konzepten. Glaube hat mit Religion rein *gar nichts* zu tun. Religion hat sich den Glauben einverleibt, der lange vor ihr schon da war.

Jetzt, da Sie um Glauben gebetet haben, ist es an der Zeit, ein zweites Geheimnis des Betens zu entdecken. Die meisten Menschen beten um beschämend kleine Dinge. Welchen Grund haben sie dafür? Die kreative Kraft des Universums hört schon ein Leben lang auf Ihre Gebete und steht jederzeit bereit, weitreichende, dramatische Veränderungen zu veranlassen, um Sie und Ihre Nächsten zu segnen. Doch fast jeder betet nur um klitzekleine Veränderungen – um einen etwas besseren Job, um eine etwas bessere Ehe (es hat Menschen gegeben, die darum gebetet haben, dass ihre Ehe erträglich werde!), um etwas mehr Geld. Weshalb aber äußern Sie nicht viel dreistere Wünsche? Genau so geht es, wie ich aus verlässlicher Quelle weiß.

Sie können schon heute damit anfangen: Ich schlage vor, dass Sie darum beten, dass sich Ihr Einkommen dramatisch verbessert. Machen Sie schon. Tun Sie es! Und weshalb dann nicht auch darum beten, dass Sie eine unglaublich schöne Partnerschaft leben werden? Nicht bloß eine, die in Ordnung ist! Beten Sie in aller Ausführlichkeit um Juwelen wie diese: „Ich bete, dass ich ein hervorragender Ehemann (beziehungsweise Ehefrau) sein werde, und meinen Ehepartner mit Romantik verzücken werde, mit Kraft, mit Trost und mit tiefer und beglückender Freundschaft." Wenn Sie nicht verheiratet sind und es sein möchten, weshalb beten Sie dann nicht um eine filmreife Romanze? Und darum, dass diese zu einer stabilen Ehe führen möge, mit noch mehr Romantik, mit Glück, mit beidseitigem persönlichen Wachstum und mit endlosen Abenteuern?

Weshalb verändern Sie nicht Ihre Arbeitsbedingungen? Wie wäre es, Sie würden darum beten, dass Sie für alle ein enormer Segen sind, mit denen Sie arbeiten, und dass Sie Freude daran haben, mit diesen Menschen zu arbeiten, und dass Sie ein Quell der Kreativität und der Weisheit sind, und dass auch Ihre Mitmenschen Freude daran haben, mit Ihnen zu arbeiten. Beten Sie darum, dass Sie für ein erstaunliches und erleuchtetes Unternehmen arbeiten werden, das in seiner Branche die Speerspitze für dramatische, positive Veränderungen bildet.

Das Prinzip liegt auf der Hand. Für die kreative Kraft, die das Universum erschafft (und es jeden Moment wieder erschafft!) ist es ebenso leicht, in Antwort auf Ihre Gebete großartige und wunderbare Dinge zu vollbringen, wie Ihre klitzekleinen Wünsche zu erfüllen. Ein Gebet stellt eine kreative Partnerschaft dar zwischen Ihrem Willen und Vorstellungskraft und der kreativen Kraft des Schöpfers des Universums. Sie sind wahrlich aufgerufen, glaube ich, in jedem Bereich Ihres Lebens an dieser gestalterischen Arbeit teilzunehmen. Wie schon Joe Vitale sagt: *Aude aliquid dignum!* – wage etwas, das zu wagen wert ist.

Also, ich rate Ihnen, dass Sie an *jedem Tag* beim Beten etwas Großes wagen. Wieso nicht? Ja, jedes Mal, wenn Sie etwas sehen, das Sie nicht in Verzückung versetzt – sei es im Spiegel, auf der anderen Seite des Zimmers oder in den Nachrichten – könnten Sie dafür beten, dass es zu etwas Großartigem transformiert wird.

Und hier ist ein zusätzliches Geheimnis, das all Ihren Gebeten eine größere Stärke verleiht. Wenn Sie im Kopf wissen, wofür Sie beten wollen, dann senden Sie Ihre Gebete mit Gefühl aus, gleich aus Ihrem *Herz-Zentrum* heraus, das sich in der Mitte Ihres Brustkorbes befindet. Hierher, und nicht aus Ihrem Kopf, stammen die echten Gebete! Sie sind nun in Besitz eines der am besten gehüteten Geheimnisse des Lebens. Jawohl, echte Gebete werden im Kopf formuliert und vom Herzen her gesendet. Es ist eine wunderschöne Partnerschaft, und sie funktioniert. Sie entspricht der Art und Weise, wie wir geschaffen wurden. Versuchen Sie es, hier und jetzt. Sie werden sofort feststellen, dass sich dies von Ihrer bisherigen Art und Weise, Dinge zu tun, unterscheidet. Ja, Sie werden schon bald etwas sehr Erstaunliches bemerken können, Sie werden schlicht und einfach *wissen*, dass Ihre Gebete schon in dem Moment erhört werden, in dem Sie sie von Ihrem Herzen her aussenden. Das bedeutet nicht, dass sie sofort eine Antwort erhalten werden; sondern eher, dass Sie eine Ahnung davon haben, dass sich Ihr Wunsch erfüllen wird. Der Rest ist dann nur noch ein wenig Abwarten und Beobachten, wie sich die Einzelheiten zusammenfinden.

Und schließlich werde ich Sie in ein drittes Geheimnis einweihen: Wenn es gemeinsam mit den anderen eingesetzt wird, wird es derart revolutionäre Veränderungen hervorbringen, dass Sie in den kommenden Jahren mit einem Lächeln auf Ihr altes Leben zurückblicken werden. Denn dieses wird sich durch Ihre Gebete derart drastisch verändert haben, dass es buchstäblich nicht wiederzuerkennen sein wird. Und dieses Geheimnis lautet: Wenn Sie ein Gebet aussenden, dann *lassen Sie es ziehen.* Lächeln Sie, geben Sie einen Seufzer der Erleichterung von sich und lassen Sie es ziehen. Lassen Sie es wie einen kleinen Vogel mit grazilem Flügelschlag gen Himmel steigen. Falls Sie immer noch ein beklommenes Gefühl im Brustkorb haben, so als ob Ihr Gebet nicht entschwunden wäre, dann haben Sie es nicht ziehen lassen. Wie ein Vogel, der an seine Sitzstange gekettet wurde, kann dieses Gebet den Himmel nicht erreichen, wenn Ihr Herz daran festhält. Lassen Sie es ziehen, lassen Sie es aufsteigen. *Lächeln Sie, und lassen Sie es aufsteigen.*

Ein weiteres Geheimnis: Da Sie in direktem Kontakt mit dem Schöpfer des Universums sind, weshalb beten Sie nicht häufig für das Wertvollste von allem, nämlich, dass Sie ständig in ein wirklich weises, wirklich liebendes und wirklich großartiges menschliches Wesen transformiert werden, das auf ansteckende Art und Weise Freude, Glaube, Hoffnung und

Liebe verbreitet. Das ist keine kitschige Wunschvorstellung. Das ist eine echte Abmachung. Es ist nicht nur eine Möglichkeit; es kann zu einer lebendigen Realität werden, wenn Sie es nur wagen, für diese wirklich großartigen Dinge zu beten. Wir sind hier, um aus dem gesamten Leben zu schöpfen. Denken Sie also nicht auch nur einen Moment, dass Sie nicht für etwas Gutes beten dürften, etwas, das Sie sich wirklich wünschen, sei es ein beeindruckendes Auto, eine schöne Beziehung oder dieses Haus am Strand von Hawaii. Für etwas zu beten, das Ihnen teuer ist, bedeutet sich eng und dynamisch mit dem Schöpfer all dieser großartigen Dinge zu verbünden. Es ist ein Akt, mit dem Sie jene kreative Macht und Liebe bestätigen, die Sie selbst erschaffen hat.

Wenn ich so auf das Jahrzehnt meines Lebens zurückblicke, das verstrichen ist, seit ich das Abenteuer begann, mir diese unglaublichen Geheimnisse zunutze zu machen, kann ich in jedem Bereich meines Lebens *revolutionäre Veränderung* erkennen: Ehe, Karriere, Freundschaft, Kreativität, Freizeit, Lernen. Buchstäblich ab dem Moment, an dem ich morgens aufstehe, bis zum Abend, wenn ich mich wieder schlafen lege, bin ich umgeben von meist auf unwahrscheinliche und erstaunliche Weise erhörten Gebeten.

Dr. Marc Gitterle ist Mitverfasser des in Kürze erscheinenden Titels: „No Effort Healing".

NEUMONTAGE ERFORDERLICH

Ihre eigene Zukunft erschaffen

Die ersten Schritte sind fast immer unangenehm

Sie werden sich kaum daran erinnern können, aber Ihre ersten Schritte waren eine leidvolle Erfahrung.

Immer wieder sind Sie hingefallen. Wahrscheinlich haben Sie sich auch den Kopf gestoßen. Vielleicht ein Knie aufgeschürft, aber Sie haben sich wieder aufgerappelt. Sie haben gelernt zu gehen. Sie haben gelernt zu laufen. Sie sind bis hierher gekommen.

Gut gemacht.

Genauso wie Sie das Laufen gelernt haben, lernen Sie auch alles andere im Leben.

Sie probieren es. Sie gehen ein wenig, Sie wanken, Sie fallen hin. Sie stehen wieder auf. Und das ist das echte Geheimnis: Sie stehen wieder auf.

Solange Sie immer wieder aufstehen, haben Sie sich aus dem Leben nicht verabschiedet.

Lassen Sie sich nicht zurückfallen

BILL HIBBLER

Seit ich denken kann, bin ich Unternehmer. Schon als Kind habe ich an der Haustür Zeitungsabonnements verkauft und sogar Zahnbürsten. Später habe ich Zeitungen ausgeteilt.

Als ich begann mich für Rock and Roll zu interessieren, gründete ich verschiedene Musikgeschäfte.

Im Alter von 15 Jahren verlieh ich Sound-Systeme für Veranstaltungen und verkaufte an alle großen Bands, die durch Houston kamen, Gitarren mit hohem Sammlerwert. Das Geldverdienen war mir damals ziemlich einerlei, aber ich liebte es, im Backstage-Bereich auf die Rockstars zu treffen, deren Fan ich war.

Ich habe mit allen zusammengearbeitet, angefangen bei Aerosmith über Chuck Berry und Muddy Waters bis hin zu ZZ Top. Nennen Sie mir eine Band, ich habe ihr wahrscheinlich eine Gitarre verkauft oder irgendein anderes Teil ihrer Ausrüstung.

Während ich im Backstage-Bereich war, konnte ich sehen, wie die Roadies die Instrumente auf der Bühne aufbauten und wieder abbauten, und wie sie all die kleinen Dinge taten, des es braucht, um eine Rockband von einer Stadt in die nächste zu bringen. Und ich wusste ganz genau, was ich werden wollte, wenn ich einmal groß sein würde.

Die Rockstars auf der Bühne zu erleben, hat großen Spaß gemacht. Hinter der Bühne war ihr Auftreten meist weniger beeindruckend. Derjenige, der mich am meisten beeindruckte, war der Tour-Manager.

Der Tour-Manager orchestrierte die ganze Show. Seine Aufgabe war es, sicherzustellen, dass jeder zur richtigen Zeit am richtigen Platz war. Wenn es Probleme gab, löste er sie, und ein guter Tour-Manager lenkte die Dinge straff wie ein Militärmanöver. Und was für ein Lebensstil!

Der Tour-Manager konnte sein Haar so lang tragen, wie er wollte, und er konnte in Jeans und T-Shirt herumlaufen (inklusive einer Lederjacke, wenn er wollte). Er schien sogar noch mehr Mädchen an Land ziehen zu können als selbst die Bandmitglieder. Wie Sie sich vorstellen können, gefiel mir diese Aufgabe.

Meine Eltern hatten wenig Verständnis für meine Begeisterung. Ja, im Grunde waren sie entsetzt. Sie wären nie auf die Idee gekommen, dass meine erfolgreichen Geschäfte mit Rockstars, die ich schon in einem zarten Alter abwickelte, bereits ein gewisses Erfolgspotenzial im Musikgeschäft andeuten könnten.

„Du musst aufs College", sagten sie mir. Ich sagte ihnen, dass ich dort den Job eines Tour-Managers nicht lernen könne. „Erst musst du einen Abschluss machen, und wenn du dann noch willst, kannst du dann dein Rock-and-Roll-Ding machen. Dann hast du wenigstens etwas, worauf du zurückgreifen kannst."

Was meinen Sie? Habe ich tatsächlich auf meine Eltern gehört?

Im Herbst 1977 schrieb ich mich an der Universität Houston für das Fach Buchführung ein. Sechs Wochen später verließ ich das College wieder. Schule war nichts für mich. Damals gab es noch keine Bücher, die erklärten, wie man zum Tour-Manager wird. Was ich also brauchte, war ein Mentor. Aber ich hatte keine Ahnung, wie ich einen Mentor finden könnte.

Es war eine Zeit, in der es noch keine Voice-Mail gab, kein Mobilfunktelefon und kein E-Mail. Bei den Shows traf ich regelmäßig Tour-Manager, doch waren sie in der Regel zu beschäftigt, als dass sie sich länger mit mir hätten befassen können.

Aufgrund ihrer Haltung zum Musikgeschäft konnte ich mit meinen Eltern nicht sprechen. Wenn ich Zweifel über meine Pläne oder über eine bestimmte Situation äußerte, erkannten sie gleich eine Gelegenheit, mich von meinem Vorhaben abzubringen.

Sie haben mir nicht allzu viel Zuversicht gespendet. Und sie haben mich immerzu gegängelt mit diesem: „Du brauchst etwas, worauf du zurückgreifen kannst."

Das Ergebnis war, dass ich sie aus meinem Leben verbannte. Und sie taten dasselbe. (Wir haben schließlich einige Jahre später wieder Frieden geschlossen).

Trotz der mangelnden Unterstützung wurde ich schließlich im steinalten Alter von 22 Jahren zum Tour-Manager der britischen Band Humble

Pie. In den darauf folgenden Jahren sind wir mehrmals durch die USA getourt, bis sich die Band schließlich auflöste und ihre Mitglieder nach England zurückkehrten.

Anschließend übernahm ich verschiedenste Aufgaben im Musikgeschäft, bin mehrmals um die Welt getourt und übernahm schließlich das Management verschiedener Künstler. 1998 zog ich mich aus dem Musikgeschäft zurück und wechselte zum Internet-Marketing, für das ich eine fast ebenso große Begeisterung empfinde wie zuvor für das Musikgeschäft.

Obgleich ich in der Musikbranche relativ erfolgreich war, hatte ich immer den Eindruck, dass mich die fehlende Unterstützung durch meine Eltern am wahren Erfolg hinderte. Viel zu oft hörte ich ihre Stimmen in meinem Kopf, die mir sagten: „Du brauchst etwas, worauf du zurückgreifen kannst."

Jedenfalls habe ich eines gelernt: Die angebliche Notwendigkeit, etwas zu haben, worauf man zurückgreifen kann, ist ein großer Haufen Mist.

Etwas zu haben, worauf man zurückgreifen kann, garantiert nur eines: Dass Sie darauf zurückfallen *werden*. Weit besser ist es, wenn Sie sich zu hundert Prozent darauf festlegen, Ihr Ziel zu erreichen.

Zu Beginn des 16. Jahrhunderts landete der spanische Eroberer Cortez an der Südostküste von Mexiko. Er befahl seinen Männern, sämtliche Segel, Metallgegenstände und Kanonen von den Schiffen zu holen. Dann befahl er ihnen, die Schiffe zu verbrennen, damit sie keinerlei Rückzugsmöglichkeiten mehr hätten.

Indem er seine Schiffe verbrennen ließ, legte Cortez sich und seine Männer auf die Aufgabe fest, sich dem unbekannten Kontinent zu stellen. Denn sie wussten, dass sie vielleicht nie wieder nach Spanien zurückkehren würden. Sie hatten nichts mehr, worauf sie hätten zurückgreifen können.

Hatten sie mit ihrem Vorhaben Erfolg? Nun, es hat einen Grund, dass heute in Mexiko Spanisch gesprochen wird.

Wenn Sie sich Ihre Träume erfüllen wollen, wie auch immer sie aussehen mögen, müssen Sie bereit sein, Ihre Schiffe abzufackeln. Sie müssen gewillt sein, alles für die Erfüllung Ihrer Träume zu tun.

Wenn Sie Kinder haben, ermutigen Sie sie, ihren Träumen zu folgen, selbst wenn es nicht genau dem entspricht, was Sie für sie vorgesehen hatten.

Und sagen Sie ihnen nie, dass sie etwas bräuchten, worauf sie zurückgreifen können.

Bill Hibbler ist ein bekannter Spezialist
des Internet-Marketing.
Weitere Informationen unter: www.EcommerceConfidential.com.

Ein neuer Weg, Ziele mit Leichtigkeit zu erreichen

Mindestens zwei Dinge habe ich über das Erreichen von Zielen gelernt: Es gibt einen leichten Weg und einen schweren Weg.

Der schwere Weg besteht darin, Tag und Nacht wie besessen zu arbeiten, kaum zu schlafen und niemals aufzugeben.

Weil jeder nur vom schwierigen Weg spricht, möchte ich über den leichten Weg sprechen. Denn weshalb all die Anstrengungen, wenn es auch ohne geht?

Ich habe den leichten Weg genommen, um Bestseller zu schreiben, um in acht Monaten 64 Pfund abzunehmen, um meinen idealen Lebenspartner zu finden, um gesund zu werden, meinen Wohlstand zu mehren und vieles andere mehr.

Es scheint also ganz offenbar zu funktionieren.

Und hier die Formel in aller Kürze:

- Seien Sie dankbar für das, was Sie bereits haben.
- Geben Sie spielerisch kund, was Sie sich wünschen, mit positiven Emotionen und dem Gefühl, dieses Ziel bereits erreicht zu haben.
- Reagieren Sie auf die Impulse und Gelegenheiten, die sich Ihnen präsentieren.

Das ist alles. In meinem jüngsten Buch, *The Attractor Factor,* stelle ich eine fünfstufige Formel vor, mit der Sie bekommen, was Sie sich wünschen. Sie ist in jenen Zeiten hilfreich, in denen Sie keine Dankbarkeit empfinden, oder sich nicht entscheiden können, was Sie möchten, oder das Konzept des Gehenlassens nicht begreifen, während Sie voller Elan an die Dinge herangehen. Sie ist auch hilfreich, wenn Sie Geldsorgen haben, oder wenn Sie das Gefühl haben, etwas nicht zu verdienen, oder dass Ihnen der Weg zu Ihren Zielen irgendwie versperrt ist.

Doch die Quintessenz für mich ist folgende: Geben Sie kund, was Sie sich wünschen, ohne an irgendetwas festzuhalten, verbunden mit vielen, guten Gefühlen. Seien Sie dankbar für alles, was Sie bereits haben, und nehmen Sie jede Gelegenheit wahr, die sich Ihnen präsentiert. Das Ergebnis wird ein glückliches Leben sein.

Schauen wir uns diese Formel nun genauer an.

Seien Sie dankbar, hier und jetzt

Es spielt keine Rolle, wo Sie leben oder was Sie haben. Wenn Sie diese Seiten lesen, dann leben Sie wahrscheinlich bereits wie ein König oder ein Königin verglichen mit den Menschen in den Ländern der dritten Welt. Möglicherweise leben Sie sogar besser als die historischen Könige und Königinnen, denn diese haben häufig in kalten, grausamen und furchterfüllten Zeiten gelebt. Sie dagegen sitzen im gemachten Nest.

Wählen Sie Ihre Wünsche, ohne sich an etwas festzuhalten und mit dem Gefühl, es bereits erreicht zu haben

Es liegt eine starke Magie darin, zu sagen: „Ich würde gerne _______ _______ (Leerstelle bitte ausfüllen), aber ich werde auch nicht sterben, wenn ich es nicht bekomme." Da die Welt nichts anderes als Energie ist, die Form annimmt, ziehen Sie die Dinge an, sobald Sie kundtun, dass Sie sich diese wünschen. Wenn Sie aber sagen, dass Sie etwas benötigen, dann schiebt Ihre Not diese Dinge fort. Wählen Sie also Ihre Wünsche aus und spüren Sie Ihre Freude über die erfüllten Wünsche, ohne sich irgendeiner Verzweifelung hinzugeben. Die Not schiebt die Dinge fort; der Wunsch zieht sie an. Wenn Sie das Gefühl haben, dass sich Ihre Wünsche bereits erfüllt haben, dann werden Sie in Erfüllung gehen.

Reagieren Sie auf Gelegenheiten und Eingebungen

Sie werden womöglich Angebote erhalten, Anrufe, oder was auch immer. Reagieren Sie darauf. Sie können niemals wissen, was Sie an Ihr Ziel bringen wird. Ihr Ego kann das große Bild nicht erkennen. Intuitionen und Gelegenheiten präsentieren sich Ihnen aber durch dieses große Bild. Ihre Aufgabe ist es, darauf zu reagieren. Wenn Sie das tun, werden Sie zu Ihrem Ziel geleitet, selbst wenn Sie den Eindruck haben, dass Ihnen der Weg dorthin versperrt ist.

Der Schlüssel ist Vertrauen

Ist das wirklich alles, was es braucht? Auch hier gilt: In der umfangreicheren Beschreibung, wie sie in *The Attractor Factor* gegeben wird, wird auf sämtliche Probleme und Hindernisse eingegangen, die auftreten können, doch das grundsätzliche Verfahren ist einfach. Gehen wir die drei Schritte einen nach dem anderen durch:

1. Schauen Sie sich in Ihrem Zimmer um. Wofür sind Sie dankbar? Erstellen Sie eine Liste. Geben Sie sich dem authentischen Gefühl echter

Dankbarkeit hin. Mit anderen Worten, fühlen Sie Ihr Glück, jetzt. Sie brauchen keinen Grund, sich glücklich zu fühlen, aber wenn Sie gerne einen hätten, dann suchen Sie sich etwas, irgend etwas, um sich hier und jetzt glücklich zu fühlen. Wenn Sie Dankbarkeit empfinden, dann befinden Sie sich in einem mentalen Raum, der mehr Dinge anziehen wird, für die Sie dankbar sein können.

2. Schauen Sie sich auf dem Spielplatz Ihres Geistes um. Was hätten, täten oder wären Sie gerne? Was würde Ihnen Freude machen? Schreiben Sie es nieder. Spüren Sie, während Sie dies tun, wie es sich anfühlen würde, wenn diese Dinge bereits jetzt Realität wären. Tun Sie, als ob Sie im Lotto gewonnen haben. Was würden Sie für sich oder für andere wünschen? Was würde Ihnen Freude machen? Der Schlüssel ist eine lockere Unabhängigkeit, während Sie zugleich die Erfüllung bereits *jetzt* erfahren.
3. Jetzt aufgepasst. Hören Sie, während Sie durch Ihr Leben gehen, auf Ihre Eingebungen und handeln Sie danach. Achten Sie auf Gelegenheiten, die sich Ihnen präsentieren, und nehmen Sie diese wahr. Sie können nie wissen, was Sie in die Richtung Ihres Zieles führen wird. Ihre Aufgabe ist es, mit Inspiration zu handeln. Vielleicht wartet bei diesem Schritt einige Arbeit auf Sie, aber Sie werden Ihre Aufgaben aus dem Herzen heraus bewältigen können, und sie wird Sie in die Richtung Ihrer Ziele führen.

Probieren Sie diese drei Schritte doch jetzt einfach einmal aus.
Schreiben Sie Ihre Wünsche auf, erfahren Sie Ihre Erfüllung, und überprüfen Sie nach ein paar Wochen den Stand der Dinge und schauen Sie, wo Sie mit Ihren Wünschen stehen. Vielleicht sind Sie überrascht, wie einfach und schnell sich Ihre Ziele erfüllen lassen.

Wenn Sie anfangen, dem Prozess zu misstrauen, negativ zu denken, oder auf irgendeine Art und Weise keine Freude an der Leichtigkeit dieses einfachen Weges haben, Ihre Ziele zu erreichen, dann sollten Sie überlegen, ob Sie mit dem Fünf-Stufen-Prozess arbeiten möchten, wie er in *The Attractor Factor* beschrieben wird.

Vor allem sollten Sie Spaß daran haben. Lächeln Sie. Bleiben Sie locker. Bleiben Sie dankbar. All dies sind Elemente des neuen Geheimnisses, das Sie zu Ihren Zielen führen wird.

Sie erinnern sich an die Worte dieses berühmten Liedes, das den neuen Weg, Ihre Ziele zu erreichen, auf perfekte Weise zusammenfasst: „Don't Worry. Be Happy." – Machen Sie sich keine Sorgen, seien Sie glücklich.

Auf dem Roulette-Rad bis zur Selbstverwirklichung gelangen

Dr. Rick Barrett

Das wertvollste Juwel, das ich an andere weiterreichen könnte, um ihr Leben zu bereichern, lässt sich in einem kleinen, aber mächtigen Wort zusammenfassen – Dienen.

Wenn wir ein Leben führen, in dem wir anderen dienen, geben wir uns die Möglichkeit, zu lernen, zu wachsen und die Dinge schätzen zu können. Wir sammeln Stärke und öffnen uns dafür, noch größeren Lohn empfangen zu können.

Anderen zu dienen ist für die Seele, was die Nahrung und das Wasser für den Körper ist. Das Dienen erhält nicht nur unsere Lebensfähigkeit, sondern ermöglicht uns darüber hinaus, unser ganzes Potenzial auszuschöpfen, eine hohe Leistungsfähigkeit zu erreichen und letztlich große Reichtümer zu sammeln, spirituelle ebenso wie materielle. Hätte ich gewusst, dass ich alle meine Bedürfnisse befriedigen könnte und bereits in diesem, und vielleicht sogar im nächsten Leben schon belohnt werden könnte, dann hätte ich sicher schon so früh wie möglich begonnen.

Wer in späten Jahren die richtigen Investmentstrategien erlernt, wird lediglich ein bestimmtes Niveau an Wohlstand erreichen können. Wer aber die einfachsten Investmentstrategien schon im Kindesalter erlernt, wird im Laufe seines Lebens gigantische Renditen einfahren. Genau so verhielt es sich mit dem Dienst am anderen. Wie groß kann die Entlohnung sein, wenn wir einfach nur regelmäßig anderen dienen? Ich glaube, der potenzielle Lohn ist unbegrenzt!

Als ich noch jünger war, lebte ich in dem beschränkten Glauben, anderen zu helfen bestünde darin, jemandem Geld zu geben, der sich zur Aufgabe gemacht hatte, anderen zu helfen. Geldspenden sind eine gute und wunderbare Sache, aber in der Regel fallen sie eher klein aus und fordern kaum jemanden. Es ist wie mit der körperlichen Fitness; wenn Sie nur hin und wieder (wenn Sie halt gerade Lust dazu haben) ein paar Liegestützen oder Sit-ups machen, wird Ihr Körper nie eine nachhaltige Veränderung erfahren, werden Sie dadurch nie einen besseren Gesundheitszustand erreichen, geschweige denn Gewicht verlieren oder Ihren Körper fitter machen können. Sehr wahrscheinlich werden Sie gar keine Veränderung bemerken. Mit anderen Worten, Ihre Bemühungen sind zu gering und es gibt keine Belohnung. Doch wenn Sie sich wirklich fordern, wenn Sie regelmäßig und nach Plan trainieren, dann werden Sie enorme Veränderungen sehen und fühlen können. Ihre Belohnung wird sehr groß ausfallen!

Sehr ähnlich verhält es sich mit dem Geben und Dienen. Sicher, ein paar Euro hier oder dort werden irgendjemandem helfen, aber es ist letztlich nur ein Tropfen auf den heißen Stein. Ihr Geld wird unbemerkt verschwinden und keine Änderung bewirken. Regelmäßig große Summen zu spenden kann und wird Veränderungen hervorbringen. Und sicherlich werden Sie eine Belohnung dafür erhalten. Aber wenn Sie Ihre Seele wirklich fordern wollen, wenn Sie wirklich Gutes vollbringen und sich selber dem Überfluss öffnen möchten, dann werden Sie um den persönlichen Dienst am anderen nicht herumkommen.

Die meisten Menschen, einschließlich mir selber, entwickeln eine nach innen gerichtete Geisteshaltung. Diese Geisteshaltung bestärkt uns in der Annahme, dass es im Leben nur um uns selber ginge, und dass jeder von uns das Recht habe, alles aus diesem Planeten zu saugen, was er uns zu bieten hat. Genau das Gegenteil dieser Geisteshaltung findet sich bei einigen Volksgruppen wie den nordamerikanischen Indianern wieder. Sie glauben, wir alle seien Teil der Erde, des Himmels und der Tiere, und dass wir uns nur das absolut Notwendige nehmen dürfen. Verschwenden und übertreiben Sie es nicht. Hier liegt der Unterschied zwischen Selbstsucht und Selbstlosigkeit.

Die Wahrheit ist, dass sich im Leben nicht alles nur um uns dreht! Es geht um die anderen. Alles, was ich mir wünsche und was ich brauche, kann ich haben, wenn ich mich auf das Geben konzentriere, wenn ich den anderen in den Mittelpunkt stelle. Wenn wir uns zum Diener der anderen machen, können wir in jedem unserer Lebensbereiche exponentielles Wachstum erfahren, und, wie ich glaube, ebenso schnell in unseren späteren spirituellen Leben wachsen. Sicher ist es normal, Wünsche zu verfolgen und sich darum bemühen, bestimmte Dinge in unserem Leben zu erhalten und zu sammeln. Aber wenn wir all unsere Energie in unser Inneres lenken und dabei der Vorstellung folgen, so viel wie möglich zu bekommen und nur ein wenig abzugeben, dann handeln wir nicht nur selbstsüchtig, sondern beschränken nicht nur andere, sondern auch uns selber in unseren Möglichkeiten. Leider aber scheint in unserer Gesellschaft diese Haltung die Norm zu sein. Was jedoch die Norm sein sollte, und meiner Meinung nach eine bessere Vorgehensweise wäre, ist, anderen zu helfen, ihre Ziele zu erreichen und ihrerseits so viel zu erhalten wie möglich, und dabei nur ein klein wenig für sich selber einzubehalten. Bei dieser Strategie würden viele profitieren. Je größer die Wohltaten sind, die wir anderen angedeihen lassen, desto mehr fällt auf uns zurück und desto größer das Vielfache dessen, was wir zurückerhalten.

Sicherlich kennen Sie die Bilder sowohl von Explosionen wie auch von Implosionen. Bei einer Implosion wird die Energie nach innen gelenkt. Die Videoaufzeichnungen eines implodierenden Gebäudes haben etwas Erhabenes. Die Sprengsätze werden gezündet und das gesamte Gebäude bricht in sich zusammen und stürzt zu Boden, wobei sich die Trümmer auf einen eher kleinen Raum verteilen. Doch bei einer Explosion wird die Energie wie bei einer atomaren Druckwelle nach außen gelenkt und sorgt so über weite Distanzen für enorme Verwüstungen. Sowohl bei einer Implosion wie auch bei einer Explosion handelt es sich um destruktive Kräfte, aber nehmen Sie dieses Bild und denken Sie an eine positive Energieentladung. Wären Sie lieber eine positive explosive Kraft, die eine ungezählte Zahl an Menschen erreicht, inklusive Sie selber und den ganzen Planeten, oder ein kleines Implosivgeschoss, das nur eine geringe Reichweite hat? Ich selber ziehe es vor, wie eine explosive Kraft zu wirken und nicht nur für mich und meine Familie zu arbeiten, sondern den denkbar größten Beitrag auf diesem Planeten zu leisten, den ein Mensch überhaupt zu leisten in der Lage ist. Diese Leistung kann ich erbringen, indem ich mich auf das Dienen konzentriere und meine Aufmerksamkeit nach außen, auf die Anderen, lenke. Dieser Aspekt muss Teil des Handbuchs sein, das uns zur Geburt in die Wiege gelegt wird und das zu befolgen uns gelehrt wird, sobald wir zu begreifen in der Lage sind.

Stellen Sie sich das Ende Ihres Lebens vor. Wenn Sie vor Ihrem Tod noch die Gelegenheit hätten, über Ihr Leben nachzudenken, wären Ihre Gedanken dann schön und von Fülle geprägt, oder wären sie hässlich und trostlos? Die Frage ist, wie wir von uns selber, von der Menschheit und von Gott beurteilt werden. Welches Bild von uns wollen wir hinterlassen? Haben wir einen positiven und spürbaren Beitrag im Leben anderer Menschen geleistet? Oder haben wir unser Leben vergeudet und die Gelegenheiten, der Menschheit zu helfen, verstreichen lassen?

Natürlich neigen wir alle zu dem Glauben, noch ein langes Leben und noch viel Zeit vor uns zu haben, in der wir unsere Wünsche realisieren können; doch die Realität sieht mitunter anders aus. Das Leben, oder zumindest unsere wahrnehmbare menschliche Form, ist ausgesprochen flüchtig. Das Privileg zu wissen, wie lange wir auf diesem Planeten haben werden, ist uns nicht vergönnt. Das Roulette-Rad des Lebens dreht sich, die Kugel landet für jeden von uns auf einer anderen Zahl und wir sind weder in der Lage zu wissen, auf welcher Zahl die Kugel für uns zu liegen kommen wird, noch können wir das Endergebnis beeinflussen. Für den Einen mag die Zahl bei 101 liegen, für den Nächsten bei 25, und für den Übernächsten vielleicht nur bei 10. Auf jeden Tag folgt ein weiterer Tag, bis schließlich der letzte Tag erreicht ist.

Mir scheint, dass ich fast täglich genau daran erinnert werde. Am vergangenen Wochenende bin ich dem Tod zweimal begegnet. Das erste Mal am Samstag durch den Anruf einer Patientin, die mich darüber informierte, dass ihr Ehemann verstorben sei. Auch er zählte zu meinen Patienten, und ich bin gesegnet, beide als Patienten über zehn Jahre begleitet haben zu dürfen. Der Zweite-Weltkrieg- und Korea-Krieg-Veteran musste im Alter von 81 Jahren den Kampf gegen den Krebs verloren geben. Am Montag habe ich an seiner Beerdigung teilgenommen.

Meine zweite Begegnung mit dem Tod fand statt, als meine Frau und ich am Sonntagabend über die Berge vor Austin, Texas, nach Hause fuhren. Zufällig trafen wir auf einen Unfall. Zwar wurden wir nicht unmittelbare Zeugen des Unfalls, doch konnte das eigentliche Geschehen höchstens 20 Sekunden vorbei gewesen sein, da auf beiden Seiten der Straße mehrere Autos gerade auf den Seitenstreifen rollten. Während ich anhielt und zur Hilfe eilte, beugte sich ein Mann über den entstellten Körper eines Motorradfahrers, der mitten auf der Straße lag. Die Szene war zu scheußlich, als dass ich sie beschreiben könnte. Als ich die beiden erreichte, berichtete mir der Mann, er sei Arzt, er habe den Puls des Motorradfahrers bereits überprüft, doch der Motorradfahrer sei schon tot. Als ich einen Blick auf den Mann warf, war aufgrund seiner Kopfverletzung sofort erkennbar, dass er in der Tat tot sein musste. Es war schwer zu sagen, wie alt er war, doch es handelte sich um einen noch jungen Mann. Wie traurig war es doch, in so jungem Alter gehen zu müssen, dachte ich, und hoffte, dass er keine Frau und Kinder hinterließ, die über seinen Tod hätten benachrichtigt werden müssen. Dieses Erlebnis erinnerte mich wieder einmal daran, dass niemand von uns wissen kann, wie lange er oder sie auf diesem Planeten verweilen wird. Für meinen Patienten Dan kam die Kugel im Roulette-Rad bei der Zahl 81 zum Stehen, und bei diesem bedauernswerten Unfallopfer bei einer sehr viel kleineren Zahl.

Sofort kam die Frage in mir auf, wie viel Zeit mir wohl noch bleiben würde, und ob ich sie ausreichend gut nutzte. Bin ich zufrieden mit all dem, was ich vollbracht habe, und werde ich diesen Planeten, wenigstens in den Augen einiger, als besserer Mensch verlassen, denn als ich hierher kam?

Während ich diese Zeilen schreibe, bereite ich weitere medizinische Missionsreisen vor, schreibe weitere Bücher, um anderen zu helfen, und bin mit einer Unzahl anderer Dinge beschäftigt. Auch wenn Sie diese Gebrauchsanweisung nicht schon als Kind erhalten haben, so ist es doch nie zu spät dafür, damit anzufangen. Denken Sie darüber nach, wie Sie anfangen können, mehr zu geben und mehr zu dienen. Erstellen Sie Listen, holen Sie Ihren Ehepartner ins Boot, holen Sie Ihre Kinder ins Boot. Lassen Sie den heutigen Tag den Beginn einer neuen Ära des Dienstes am anderen sein, und begeben Sie sich auf einen Weg, der Sie zu großer Belohnung führen wird. Mit dem Dienen am anderen ist es wie mit dem Fitnesssport, Sie können nie genug tun.

Zum Abschied habe ich ein kleines Geschenk für Sie, ein einfaches Gebet, das ich für mein Buch *Healed By Morning* geschrieben habe. Ich hoffe, es leistet Ihnen gute Dienste.

„Herr, Du bist mein Schöpfer.

Ich liebe dich.

Ich bin Teil von dir, daher bin ich unfehlbar, denn Du bist unfehlbar.

Ich bin zu allem befähigt.

Zu größtmöglicher Gesundheit, zu höchstem Glück und Erfolg, denn ich bin ein Teil von dir, und Du bist befähigt zu allem.

Jeden guten Wunsch, den ich habe, kann ich haben, weil Du es für mich wünschst.

Ich werde nicht in Dunkelheit und Zweifel verweilen, denn der Geist deines Lichts erleuchtet meinen Weg.

Du bist in mir, und ich bin eins mit dir.

Gemeinsam sind wir fähig, Wunder zu vollbringen."

Dr. Rick Barrett ist der Verfasser mehrerer Bücher, darunter: „Dare to Break through the Pain".

Die zehn wichtigsten Überzeugungen, mit denen Sie Ihr Geld vernichten (und wie Sie sie überwinden)

DAN KLATT

Wenn Sie nicht so viel Geld verdienen, wie Sie möchten, dann halten Sie an negativen Überzeugungen fest, die Sie und Ihre Fähigkeiten betreffen, mit Geld umzugehen. In diesem Abschnitt werden wir die zehn wichtigsten (und destruktivsten) Beispiele besprechen, mit denen Menschen ihre eigenen finanziellen Möglichkeiten untergraben. Wer mein E-Zine *The Abundant Mind* abonniert, erhält einen Test über die eigenen Glaubensgrundsätze im Umgang mit Geld. Aus den Ergebnissen dieses Tests habe ich diese Liste der zehn wichtigsten Überzeugungen abgeleitet, mit denen Sie Ihr Geld vernichten. Wie viele dieser Überzeugungen treffen auf Sie zu?

10. *Geld ist keine spirituelle Kraft.* Hier geht es um den Glauben, dass Sie spirituell eine irgendwie höher Stufe erreichen würden oder dass Sie im Jenseits ein besseres Leben erwartet, wenn Sie in diesem Leben große Opfer gebracht haben. Oder dass Sie nach Ihrem Tode leiden müssen, wenn Sie sich Ihren Wünschen, für die Sie Geld benötigen, hingeben. Dieser Glaube ist meistens das Ergebnis einer sehr religiösen Erziehung. Vergessen Sie nicht: Sie sind hier, um hier und jetzt das Leben voll auszuschöpfen. (Vergleiche auch Überzeugung Nummer 1.)
9. *Morgen werde ich es bekommen.* Wenn Sie die Dinge auf morgen verschieben, dann trennen Sie sich vom natürlichen Fluss der Dinge, der auch dafür sorgt, dass Sie den Überfluss des Lebens erfahren. Diese Überzeugung gründet fast immer in der Angst, es ohnehin nicht schaffen zu können und enttäuscht zu werden, also verschieben Sie das scheinbar Unvermeidbare auf morgen. Wenn Sie aber erst einmal beginnen, den Moment zu leben, dann lösen Sie sich aus der Umklammerung der Vergangenheit. Sie werden feststellen, dass Sie ein neuer Mensch geworden sind. Seit die Dinge das letzte Mal nicht aufgegangen sind, haben Sie viel dazugelernt und sind viel reifer geworden (und wenn es damals schief lief, dann nur, weil Sie etwas noch nicht gelernt hatten, das Sie zu Ihrem Erfolg benötigt hätten, und über das Sie heute wahrscheinlich verfügen).
8. *Ich werde wahrscheinlich ohnehin versagen.* Jeder kennt wohl diese Weisheit von Wayne Gretzky: „Eine nicht wahrgenommene Gelegenheit ist immer eine verpasste Gelegenheit." Wer aus Furcht zu versagen nicht handelt, hat – na ja, raten Sie mal – schon versagt, weil er es erst gar nicht versucht hat. Wer den Blick nach vorne richtet und weitergeht, hat immer schon gewonnen. Vielleicht gelingt Ihr Vorhaben nicht gleich auf Anhieb, doch Sie werden ein paar sehr wertvolle Lektionen gelernt haben. Und damit steigt die Wahrscheinlichkeit, dass Sie es beim nächsten Mal schaffen werden.

7. *Aber das können wir uns nicht leisten.* Diese Art zu denken hat mit Entbehrung und Mangel zu tun, nicht mit Überfluss. Es verführt Menschen zudem dazu, sich auf das zu konzentrieren, was sie nicht haben (was sie weiter darin bestärkt, nicht zu haben). Sie haben das Gefühl, dass die Dinge, die sie haben, nicht genug seien. Wenn Sie aber stattdessen die Dinge genießen, die Sie haben, dann kommen Sie aus einer Gedankenwelt des Überflusses und können somit beginnen, die Dinge, die Sie sich wünschen, anzulocken. Sie werden zudem begreifen, dass es keine Grenze dessen gibt, was Sie erhalten, erreichen oder haben können.
6. *Reiche Menschen sind gierig und unaufrichtig.* Der erste Mensch, der diese Unwahrheit verbreitet hat, muss ein armer Mensch gewesen sein. Tatsache ist vielmehr, dass die meisten Menschen, die zu Wohlstand kommen, sich der spirituellen Prinzipien, die ihrem Wohlstand zu Grunde liegen, zumindest teilweise bewusst sind. Ein wesentlicher Aspekt dessen ist es, im Fluss zu bleiben, was so viel bedeutet, wie zurückzugeben. Zudem gehören reiche Menschen zu den großzügigsten Menschen, und schon lange, bevor sie viel Geld hatten, haben sie es sich zur Gewohnheit gemacht, zu geben. Zufall? Keineswegs.
5. *Wenn ich Erfolg habe, werden meine Freunde eifersüchtig sein und mich nicht mehr mögen.* Vergessen Sie nicht, dass wir in einem Universum des Überflusses leben. Es *gibt* für jeden genug. Menschen, die andere um das beneiden, was sie haben, kommen aus einer Welt der Entbehrung und können einen geradezu gefährlichen Einfluss auf Ihren geistigen Reichtum darstellen. Um Wohlstand erfahren zu können, ist es gerade wesentlich, nur positive, unterstützende und inspirierende Botschaften in unserem Kopf zuzulassen, was natürlich insbesondere unsere eigenen Gedanken einschließt!
4. *Ich bin nicht besser als meine Eltern, also sollte ich nicht mehr Geld verdienen als sie.* Die Welt wäre eine andere, wenn Ihre Eltern da stünden, wo Sie

sind. Neue Kommunikationsmittel wie das Internet ermöglichen es heutzutage jedem, mit dem, was er gern macht, sehr viel Geld zu verdienen. Und im Übrigen dürften sich Ihre Eltern enorm angestrengt haben, gerade damit Sie ein besseres Leben haben können als sie. Ihre Eltern lieben Sie und sie würden es gar nicht anders haben wollen.

3. *Ich fürchte, zu vergessen, worauf es wirklich ankommt, und den Menschen nicht zu mögen, der ich dann sein werde.* Wer gierig ist, bleibt in einer Welt der Entbehrungen und des Mangels verhaftet. Selbst wenn er zu viel Geld kommt, wird er daran keine Freude haben und es sehr wahrscheinlich wieder verlieren. Stellen Sie sich also geistig auf eine Welt des Überflusses ein, und Sie wissen, dass es dabei um weit mehr geht, als nur um den materiellen Wohlstand. Tatsächlich benötigen Sie ein Gleichgewicht aus enormer Gesundheit, sinnvollen Beziehungen, viel Zeit zum Entspannen und Spielen sowie einer echten Freude am finanziellen Überfluss. Sie werden Erfüllung und Freude erfahren können, wenn Sie geistigen Überfluss mitbringen.
2. *Geld ist die Wurzel allen Übels.* Dies ist der am stärksten verbreitete Fehler, den wir von unseren Eltern und den religiösen Institutionen übernommen haben. Millionen von Menschen werden dadurch in Armut und in einem sklavischen Verhältnis zum Geld gehalten. Das ist übrigens der einzige Aspekt, unter dem wir Geld als etwas „Böses" erachten können – wenn es uns unter seiner Kontrolle hält. Das aber kann nur geschehen, wenn wir das Gefühl haben, es dringend zu brauchen, weil wir aus einer Welt der Entbehrung und des Mangels kommen. Wer aber in einer geistigen Welt des Überflusses lebt, für den wird Geld nur ein Werkzeug, um die feineren Dinge im Leben zu genießen, und um all das zu erhalten, was er braucht, um den Zweck seines Daseins zu erfüllen. Und genau das ist, weshalb wir hier sind, richtig?
1. *Ich bin es nicht wert.* Sind Sie sich bewusst, dass ganze 90 Prozent der Menschen mit einem zu geringen Selbstwertgefühl zu kämpfen haben?

Das zu geringe Selbstwertgefühl ist der wichtigste Grund, weshalb sich die Menschen zurückhalten und nicht danach streben, ihre Träume zu verwirklichen. Wer das Gefühl hat, Reichtum oder Überfluss auf irgendeinem Gebiet nicht verdient zu haben, der wird die Gelegenheiten, die sich ihm präsentieren, nicht beim Schopfe packen. Stattdessen werden sich diese Menschen nicht rühren und sich lediglich über diejenigen beschweren, die Überfluss genießen. Diese Menschen finden zudem jede Menge Ausreden, um rechtfertigen zu können, dass das Leben es nicht gut mit ihnen meint. Sie aber sollten lieber begreifen, dass es gerade eine Geisteshaltung des Überflusses ist, die den Reichen von der Masse abhebt, und dass Sie hier und jetzt entscheiden können, aus einer Welt des Überflusses zu kommen und Ihren Platz unter den Wohlhabenden einzunehmen. Sie sind es wert.

Dan Klatt hat das Inner Wealth Mastery Program entwickelt, das Sie aufrufen können unter: http://tinyurl.com/fjfd.

Ihr Geist ist ein Werkzeug der Armut oder des Wohlstands

RANDY GAGE

Dies ist entweder das Furchterregendste, das Sie je gehört haben, oder die befreiendste Einsicht, die Ihnen je übermittelt wurde. Machen Sie es zu Letzterem, um so auf den Weg Richtung Überfluss zu finden.

Nie werden zwei Menschen dasselbe Ereignis auf dieselbe Art und Weise wahrnehmen. Wo der eine eine Gefahr erkennt, sieht der andere eine Chance. Angenommen, Ihnen wird ein Geschäft angeboten. Sie haben nun eine ganze Reihe von Möglichkeiten, auf dieses Angebot einzugehen.

Sie könnten blindlings mitziehen und in den Deal einschlagen, ohne sich vorher über seine Voraussetzungen informiert zu haben – einfach, weil Sie von der Idee besessen sind, reich zu werden. Damit könnten Sie sich in eine sehr unangenehme Lage manövrieren, und Sie könnten eine Menge Geld dabei verlieren.

Oder, Szenario zwei, Sie könnten der Meinung sein, dass Sie bei jeder Übernahme, von der Sie hören, ohnehin zu spät sein werden. Sie könnten glauben, dass die Insider die satten Abfindungen kassieren, aber die eigentliche Übernahmeofferte im Grunde viel zu hoch angesetzt ist. Und schon haben Sie die Chance verpasst, Aktien von IBM zum Kurs von zehn Dollar zu kaufen.

Ein anderes Szenario könnte sein, dass Ihnen eine Anstellung angeboten wird. Sie sind selbstsicher, Sie überprüfen das Angebot eingehend und finden schließlich zu einer wohlüberlegten Entscheidung. Wie Sie auf ein Angebot reagieren, hängt fast ausschließlich von Ihrer geistigen Grundhaltung ab, die wiederum widerspiegelt, was Sie sich vom Leben erwarten. Unter all den Instrumenten, die Sie einsetzen können, um es zu Wohlstand zu bringen, ist Ihr Geist das mächtigste.

Randy Gage ist der Verfasser der erfolgreichen Audio-Reihen „Dynamic Development" und „Prosperity" und Geschäftsführer von www.BreakthroughU.com. Weiterführende Informationen und Randys kostenlosen Newsletter erhalten Sie unter: www.MyProsperitySecrets.com.

Wenn guten Menschen Schlechtes widerfährt

Häufig erweist sich, was zunächst wie eine Tragödie aussieht, schon in wenigen Jahren als glückliche Fügung.

Ich erinnere mich an eine lehrreiche Passage in einem meiner Lieblingsbücher: *Breaking the Rules.* Autor Kurt Wright schreibt Folgendes:

Ist Ihnen jemals aufgefallen, wie leicht sich die Vollkommenheit, die vielen Ereignissen innewohnt, mit einigen Jahren Abstand erkennen lässt? Viele Menschen machen diese Erfahrung selbst mit Situationen, die Ihnen zunächst tragisch, dramatisch, wenn nicht gar vernichtend erschienen. Stellt sich aber, wenn sich die Vollkommenheit solcher Situationen nach einigen Jahren erkennen lässt, nicht auch die Frage, ob diese Vollkommenheit nicht schon von Anfang an vorhanden war?

Lassen Sie sich von diesem Gedanken inspirieren und überlegen Sie, ob Sie nicht auch die positiven Seiten eines aktuellen negativen Ereignisses entdecken können.

Fragen Sie sich: „Welche positiven Konsequenzen könnte dieses Ereignis haben?“

Lance Armstrong, der eine lebensbedrohliche Krebserkrankung überstand, erklärte später, der Krebs sei das Beste, was ihm je widerfahren sei. Ohne diese Krankheit, so berichtete er, hätte er nie die Motivation gehabt, sich den ersten Platz der Tour de France zu erkämpfen.

Halten Sie nach dem Guten im Schlechten Ausschau.

Sie werden es entdecken.

Alles, was Sie machen, wird erfolgreich sein

Alles, was Sie im Leben machen, wird ein Erfolg werden. Hin und wieder wird Ihnen dieser Gedanke fern liegen, denn Sie werden die Wirklichkeit dem Ziel gegenüberstellen, das Sie sich gesetzt haben.

Wenn Sie sich beispielsweise vorgenommen haben, 15 Pfund zu verlieren, doch dann nur 10 Pfund verloren haben, dann werden Sie das eine Niederlage nennen. Doch eigentlich ist es Ihnen gelungen, 10 Pfund zu verlieren.

Wenn Sie versucht haben, eine Firma zu gründen, und damit 10 Dollar verdient, aber 10.000 Dollar verloren haben, dann werden Sie von Scheitern sprechen. Doch Sie haben mit dieser Erfahrung gelernt, was zu tun ist, und was nicht zu tun ist – Sie haben also eine wichtige Lektion gelernt. Und Sie haben obendrein noch zehn Dollar.

Auch wenn Sie immer den Wunsch haben werden, Ihre gesetzten Ziele zu erreichen, so sollten Sie sich doch immer daran erinnern, dass – ganz gleich zu welchem Ergebnis Sie gekommen sind – Sie in bestimmter Hinsicht auch einen Erfolg verbuchen können.

Das Leben ist kurz

JILLIAN COLEMAN

Wie jeder andere auch, habe ich während meiner Jugend jede Menge Ratschläge erhalten. Ich erhielt sie von meinen Eltern und von meinen Großeltern. Ich erhielt sie von den Priestern und den Nonnen in der Kirche, in der Grundschule, auf der Oberschule und an der katholischen Hochschule. Ich erhielt sie aus den Tausenden von Büchern, die ich verschlungen habe, und aus Hunderten von Kinofilmen. Ich habe sie von den Radioserien erhalten, die ich mir jede Woche anhörte, wie *Sergeant Preston of the Yukon* und *The Lone Ranger*. Ich habe sie beim Fernsehen erhalten, von Sendungen wie *Howdy Doody* und *Sky King* oder dem Schauspieler *Roy Rogers*.

Vieles davon war hilfreich, und vieles war ziemlich nutzlos.

Je älter ich werde, desto mehr scheine ich mich auf die Grundlagen zu besinnen. Meine Mutter hatte recht, Zucker ist nicht gut für mich. Mein Großvater hatte recht, es ist wichtig, auf sein Geld zu achten. Die Nonnen hatten recht, ich lebe glücklicher, wenn ich denjenigen vergebe, die mich verletzt haben, und Monogamie funktioniert besser als ständig wechselnde Bettpartner.

Von all den Ratschlägen, die ich je erhielt, hat einer mein Leben am stärksten beeinflusst. Ihn habe ich mir wirklich zu Herzen genommen und als mein Leitmotiv akzeptiert. Und dieser Rat stammte von meinem Vater, der mir sagte: „Das Leben ist zu kurz, um nicht das zu tun, was du tun willst."

Nun, so sagte er es, als ich jung war. Später hörte ich häufiger die unzensierte, nicht jugendfreie Version: „Das Leben ist zu kurz, um sich von irgendeinem Deppen herumschubsen zu lassen."

Es war schwer für mich als Kind, mit meinem Vater zusammenzuleben. Er war im Krieg gewesen, und das hat ihn ein wenig verrückt gemacht. Er war brillant und sehr charmant, aber auch gewalttätig und unberechenbar. Er war mehr als ein bisschen sadistisch. Er war ein komplizierter Mensch, der lange brauchte, um sich zu sortieren, und infolge dessen verbrachte ich viele Jahre in Therapie, um mich selber auszusortieren. Aber das ist eine andere Geschichte, wie es so schön heißt.

Mein Vater akzeptierte viele konventionelle Wertvorstellungen nicht, gleichwohl hatte auch er eine Reihe klarer Wertvorstellungen. Eine davon war die Loyalität, vor allem innerhalb der Familie. Intellektuelle Neugierde war eine andere. Die Wertvorstellung, die ihm jedoch am meisten am Herzen lag, war sein unbedingtes Recht auf persönliche Freiheit. Er lebte das Leben voll und ganz nach seinen eigenen Regeln.

Ich habe andere Regeln als mein Vater. Ich habe andere Wege eingeschlagen und andere Prioritäten gesetzt. Doch habe ich mein Leben immer so gelebt, dass ich Freude daran hatte, und habe stets getan, was ich wollte.

Der Ratschlag meines Vaters hat mir die Stärke gegeben, meinen eigenen Weg zu finden. Er hat mir geholfen, mich aus einer unglücklichen Ehe zu verabschieden (obwohl mein Vater selbst mir anlässlich dieser Entscheidung viel Kummer bereitet hat). Er hat mir die Stärke gegeben, falschen Freunden den Rücken zuzukehren, und mich Autoritäten zu widersetzen. Er hat mir die Freiheit gegeben, Ärzte zu hinterfragen, und er hat mich demonstrieren lassen gegen Rassismus und Krieg. Er hat mich ermutigt, mein Leben mit Mut, Appetit und Abenteuerlust zu leben.

Heute bezeichne ich mich hin und wieder als eine Dame mittleren Alters, doch neulich scherzte ein Freund, dass nur die wenigsten Menschen hundertundzwanzig Jahre alt würden. Ich bin wohl dem letzten Drittel meines Lebens näher, als der letzten Hälfte. In vielerlei Hinsicht bin ich heute weicher geworden, als ich noch von 20 oder 30 Jahren war. Den Ratschlag meines Vaters habe ich immer noch im Kopf, und solange ich noch auf Erden verweilen werde, will ich mich nach ihm richten. Das Leben ist zu kurz, um nicht zu tun, was du tun willst.

Jillian Coleman Wheeler berät Unternehmen und gemeinnützige Verbände in den Bereichen Management und öffentliche Förderung. Ihre Website www.GrantMeRich.com bietet umfangreiche Informationen für Unternehmer und Unternehmensberater an sowie eine Online-Schulung zur Beantragung allgemein zugänglicher Fördergelder. Sie hat zudem ein Buch zur staatlichen Immobilienförderung verfasst: „The New American Land Rush: How to Buy Real Estate with Government Money". Weiterführende Informationen unter: www.NewAmericanLandRush.com.

Die Gebrauchsanweisung, die ich gerne schon in der Wiege vorgefunden hätte

PAT O'BRYAN

Sobald du geboren wurdest, wirst du klein gemacht,
indem man dir keine Zeit gibt,
anstatt alle Zeit der Welt …

– JOHN LENNON

Wenn ich mir überlege, was ich gerne zu meiner Geburt gesagt bekommen hätte, dann lautet die Antwort: gar nichts. Alle, die mir etwas gesagt haben, haben es gut gemeint, doch ich glaube, sie lagen mit allem daneben.

Alles, was mir gesagt wurde, war falsch. Alles was Ihnen gesagt wurde, war wahrscheinlich ebenso falsch.

Wenn wir auf diese Welt kommen, bringen wir alles mit, was wir brauchen. Sobald wir aber anfangen, auf unsere Eltern zu hören, auf unsere Lehrer und auf die Medien, verlieren wir diese Weisheit.

Viele unserer prägenden Jahre verbringen wir mit dem Lernen der Regeln: der Regeln der Grammatik, der Anstandsregeln, der Regeln für Erfolg und Glück. Erst nach Jahren des Studierens und der analytischen Zerlegung meiner Persönlichkeit habe ich die echte Wahrheit über Regeln begriffen. Es gibt keine Regeln. Für Gewinner gibt es keine Regeln.

Nehmen wir beispielsweise die Regeln des Erfolgs. Ich weiß nicht, was man Ihnen gesagt hat, aber bei mir hieß es: „Lerne fleißig, schreibe gute Noten in der Schule und such dir einen guten Job. Das ist der Weg zum Erfolg."

Wenn es einen besseren Weg gäbe, auf dieser Welt *nicht* erfolgreich zu sein – ich wüsste nicht, wie er aussehen müsste. Und doch wiederholen Eltern, Lehrer und andere gutmeinende Menschen mir gegenüber diese Regeln wieder und immer wieder. Sie tun es heute noch.

Gehen Sie und fragen Sie Bill Gates, ob er einen guten Job haben will. Gehen Sie und fragen Sie Steve Jobs, ob er einen guten Posten braucht. Gehen Sie und fragen Sie Richard Branson, ob er eine Stelle braucht.

Schauen Sie sich die Liste der erfolgreichsten Menschen auf diesem Planeten an und sehen Sie nach, wie viele von ihnen einen Job haben.

Keiner. Nichts. Niemand.

Diese Leute gründen Unternehmen. Sie schaffen Jobs. Doch die erfolgreichsten Menschen dieses Planeten haben Ideen. Und keine Jobs.

Wie sieht es mit der Ausbildung aus? Auch hier kann ich mich allein auf meine persönliche Erfahrung berufen, aber meine Ausbildung hat mich perfekt dafür qualifiziert, an einem Schreibtisch zu sitzen und die immergleiche Tätigkeit stupide zu machen, sie wieder und wieder zu wiederholen. Meine Ausbildung wäre sehr hilfreich gewesen, wenn mein Ziel letztendlich gewesen wäre, als Arbeiter in einer Manufaktur des 19. Jahrhunderts zu arbeiten.

Aber ich will ganz bestimmt *kein* Arbeiter in einer Manufaktur des 19. Jahrhunderts sein.

Ich möchte ein Autor, Marktteilnehmer und Unternehmer des 21. Jahrhunderts sein. Welche Schule kann mir das beibringen?

Das College, an dem ich meinen Abschluss gemacht habe, bot kein Diplom für Unternehmertätigkeit an. Es gab einen wirtschaftswissenschaftlichen Abschluss. Den habe ich gemacht. Er ist das Papier, auf dem er gedruckt wurde, nicht wert, und das Papier ist ein ziemlich billiges.

Sehr gerne hätte dieses College mir auch einen Abschluss im Fach Englisch verkauft. Ich könnte Literatur studieren. Dann könnte ich Autor werden.

Ich habe jedoch eine Frage: Weshalb ist der Titel „gescheiterter, unveröffentlichter Autor" Voraussetzung für eine Lehrtätigkeit im Fach Literarisches Schreiben auf College-Niveau?

Ich lese gerne. Ich mag Bücher. Bei Literatur habe ich ein wenig Berührungsängste.

Muss man eine Krawatte tragen, wenn man hohe Literatur liest? Kann man Literatur auch nur mit einer Unterhose bekleidet lesen?

Ist es okay, an den albernen Stellen zu lachen? Wie kann man beispielsweise Charles Baudelaire lesen, ohne tief aus dem Bauch heraus lachen zu müssen? Könnte ich nie.

Natürlich könnte ich auch nie auf die schwarze Baskenmütze und den schwarzen Rollkragenpullover verzichten. Denn genau das scheinen echte Autoren zu tragen.

Ich habe es trotz meiner Ausbildung zum Autoren geschafft.

Eine Ausbildung, zumindest in der Art, wie ich sie erlebt habe, lehrt Ihnen alles, was Sie brauchen, um zu scheitern – komplett zu scheitern. Ich habe keine Ahnung, wie andere Länder es schaffen, ähnlich dramatische Fehlschläge zu produzieren, wenn deren Erziehungssystem nicht so gut wie unseres aufgestellt ist.

Wäre es nicht schön, wenn es einen College-Abschluss im Fach Erfolg gäbe?

Sie würden im ersten Jahr den Kurs „Erfolg 101 – Alles in Frage stellen" belegen und im letzten Jahr den Kurs „Erfolg 499 – Werte schaffen".

Bitte tragen Sie sich hier ein.

Also, welche Art Anleitung hätte ich rückblickend gerne vorgefunden, als ich geboren wurde, damit ich im Leben erfolgreich werden kann?

Eine, die uns darauf hinweist, dass wir die Welt, in der wir leben, selber erschaffen. Wir selber bauen das hier alles zusammen, wissen Sie.

Eine, die uns darauf hinweist, dass jeder Mensch, einschließlich mir selber, die Verantwortung für sein Leben übernehmen muss. Und dass, wenn er mit diesem Leben nicht absolut und wahnsinnig glücklich ist, diesem Menschen von oberster Instanz das Recht zugesprochen wird, sein Leben zu ändern.

Ich hätte gerne auch ein Kapitel über soziale Normen, und darüber, wie sehr sie als Fußfesseln wirken, wenn wir sie lassen. Armselige Menschen können dieselbe Wirkung entfalten, wenn wir sie lassen, aber Sie können auch entscheiden, dies nicht zuzulassen. Wenn auf der Einladung steht, schwarze Krawatte ist Pflicht, Sie aber viel mehr Lust auf eine Batik-Krawatte haben, dann los!

In der Region von Texas, aus der ich stamme, dürfen ab dem Tag der Arbeit (der erste Montag im September) keine weißen Cowboy-Hüte mehr getragen werden – Sie dürfen nur noch Ihren schwarzen aufsetzen.

Ich sage, wagen Sie etwas! Tragen Sie zu Weihnachten Ihren weißen Hut, wenn Ihnen danach ist. Wenn Sie erfolgreich genug sind, gründen Sie damit einen neuen Trend.

Ich möchte gerne, dass in der Anleitung steht: „Ihre Aufgabe ist es, unbändig, kreativ und erfolgreich zu sein. Und glücklich.“ Das wär's. Ende der Geschichte. All dieser Pathos um Arbeitsethik, dieses Getue um Schuldgefühle und Ängste, das ist nichts für Sie. Falls Sie schon damit erfolgreich und glücklich sein können, nur eine Stunde im Jahr zu arbeiten, dann tun Sie es. Für das Universum geht das voll und ganz in Ordnung.

Am Ende des Handbuchs sollte ein Zeugnis angehängt sein, ein hübsches Zeugnis mit einem eingeprägten Goldsiegel, auf dem zu lesen steht:

Sie sind hiermit ermächtigt, all das zu tun, was immer Sie auch meinen versuchen zu müssen. Ihnen wird hiermit versichert, dass Sie niemals irgendjemanden um Erlaubnis zu fragen haben, um mit irgendetwas erfolgreich oder glücklich sein zu dürfen. Tun Sie, was Sie glauben tun zu können. Dieses Dokument bezeugt, dass Sie Kraft der Macht Ihrer eigenen Seele befugt sind, Ihre Träume so gut Sie eben können zu leben. Hier und jetzt.

Ich würde mir dieses Zeugnis an die Wand hängen, mit stolzer Brust würde ich es aufhängen. Sie nicht?

Was das mit Erfolg zu tun hat?

Die meisten Menschen haben versagt, oder etwa nicht? Sie machen die ganze Woche einen Job, den sie hassen, und zwar ein Leben lang. Und am Wochenende versuchen sie dann zu vergessen, wer sie sind, bis sie am Montagmorgen wieder ihren verhassten Job aufsuchen. Tatsächlich leben die meisten Menschen ihr Leben in stiller Verzweifelung, nur um irgendwann zu sterben, ohne je gelebt zu haben.

Wenn Sie tun, was die meisten Menschen tun, dann werden Sie die Ergebnisse erzielen, die die meisten Menschen erzielen.

Wenn Sie wollen, dass in Ihrem Leben nicht die üblichen Dinge geschehen, dann müssen Sie andere Dinge tun als die üblichen. Und Sie müssen es jetzt tun.

Pat O'Bryan ist ein international gefeierter Blues-Gitarrist und ein erfolgreicher Experte des Internet-Marketings. Weitere Informationen unter: www.PatOBryan.com.

Nur Sie alleine können Ihre Selbstachtung schmälern und nur Sie allein können sie wieder wachsen lassen. Freiheit entsteht durch unsere Unabhängigkeit gegenüber all dem, was andere sagen oder tun.

– Dr. Joe Rubino

Aude aliquid dignum

Ich habe einen Satz auf Latein aus dem 16. Jahrhundert gefunden, der das gesamte Thema der Zielsetzung aufgreift: *Aude aliquid dignum.* Übersetzt heißt dieser Satz: „Wage etwas, das zu wagen wert ist."

Ah! Wie doch dieser Satz das Nobelste in uns anspricht.

Wenn Sie daran denken, etwas wirklich Großartiges zu wagen, so überwinden Sie Ihr Ego und Ihre inneren Barrieren. Sie beginnen dann, an die Welt um Sie herum zu denken und daran, anderen zu helfen.

Einige Menschen nehmen sich vor, ein paar Pfunde abzuspecken, mehr Geld zu verdienen, eine Gehaltserhöhung durchzusetzen oder einen neuen Job zu finden. All das sind berechtigte Ziele. Doch bei einem Ziel, bei dem Sie etwas wagen, das zu wagen es wirklich wert ist, geht es um mehr. Sie könnten sich beispielsweise zum Ziel setzen, sich fitter zu machen als je zuvor. Oder alle bislang erreichten Rekorde Ihres Unternehmens zu übertreffen. Oder einen Traum anzupacken und zu vollenden, der den ganzen Planeten erreicht.

Wenn Sie etwas wagen, das zu wagen wert ist, dann zapfen Sie all die Energien an, die in Ihnen schlummern, und Sie werden eins mit dem Wunsch des Universums, sich weiterzuentwickeln.

Wagen Sie etwas, das zu wagen wert ist, und Sie werden all Ihre Kräfte und die Kräfte der Welt mobilisieren können.

Wagen Sie etwas, das zu wagen wert ist, und Sie werden spüren, wie Ihr Herz singt.

Wagen Sie etwas, das zu wagen wert ist.

Hier und heute.

Meinungen

„In unserer verwirrenden und kräftezehrenden Welt ist es eine Wohltat und Freude, dieses Buch lesen und verschenken zu dürfen.“

– Jack Canfield, Mitverfasser der Bücherreihe „Hühnersuppe für die Seele“ (Platz 1 auf der Bestsellerliste der New York Times), Autor von „The Success Principle“

„Jeder Mann, jede Frau und jedes Kind sollte dieses Buch studieren wie ein Wissenschaftler. Jede Schule und jede Universität sollte es in ihren Lehrplan aufnehmen. Joe Vitale enthüllt verloren gegangenes Wissen, das die Grundlage für Glück, Gesundheit und Wohlstand darstellt. Ich konnte dieses Buch nicht mehr beiseite legen.“

– Steve Siebold,Verfasser von „177 Mental Toughness Secrets of the World Class“

„Brillant, einfach und tiefgründig. Wenn wir täglich auch nur eine dieser Lektionen lernen und beherzigen könnten, würden wir alle ein Leben in echtem Überfluss leben. Während ich das Buch las, wurde mir klar, dass ich 50 weitere Exemplare benötigte, um sie an all diejenigen zu verschenken, die mir lieb und wichtig sind. Dieses Buch ist ein echtes Kunstwerk aus der Feder eines wunderbaren Menschen. Ihre verschollene Gebrauchsanweisung fürs Leben wird Sie dazu inspirieren, intensiver als je zuvor nachzudenken, nachzuspüren und zu fragen, was Sie Ihrem Leben und Ihren Liebsten noch geben können."

– Wendi Friesen, Gründerin und Geschäftsführerin von: www.Wendi.com

„Joe Vitale hat ein echtes Juwel geschaffen. Ewige Weisheiten erhält, wer diese liebevoll geschriebenen Seiten aufschlägt. Wenn es uns gelingt, die Weisheiten dieser verschollenen Gebrauchsanweisung zu beherzigen, dann dürften wir für unser Leben wohl keinen anderen Ratgeber mehr benötigen. Was für ein Geschenk an die Welt!"

– Dr. med. Marcus L. Gitterle, Wellness-Berater und Nutraceutical-Designer

„Ein wunderbares Buch! Ich schlage vor, dass Sie gleich ein paar Exemplare für Ihre Freunde mitkaufen. Sie werden Ihnen dankbar sein."

– Cindy Cashman, Bestseller-Autorin

„Dieses neue Buch von Dr. Joe Vitale steckt voller Weisheit. Wer auch immer sich an seinen Worten gütlich tut, wird Geist und Seele nähren können. Dieses Buch ist für jeden von uns ein wichtiger Wegweiser durchs Leben."

– Dr. Rick Barrett, Verfasser von „Dare to Break through the Pain", www.healedbymorning.com

„Super! Mir ist noch kein Buch in die Hände gefallen, das in so einfachen und klaren Worten zeigt, wie wir zu einem erfüllten Leben finden – und als Mitgründer von HealthyWealthynWise.com habe ich schon Hunderte Bücher durchgesehen! Joe hat recht, jedem sollte dieses Buch gleich nach der Geburt in die Wiege gelegt werden: Zack, die Nabelschnur zertrennt, und schon erhalten Sie Ihr persönliches Exemplar!"

– Ric Thompson, HealthyWealthynWise.com

„Dies ist das Buch, das unter dem Kopfkissen Ihrer Kinderwiege hätte liegen sollen – Weisheiten des Lebens, und jawohl, auch des Geldverdienens. Wieder einmal spricht Joe Vitale unvermittelt all diejenigen an, die ihren Erfolg über den Weg der Spiritualität erreichen wollen."

– Jillian Coieman Wheeler, www.GrantMeRich.com

„Dieses Buch ist so gut, dass ich es meinen Söhnen vorgelesen habe. Sie mochten es ebenfalls auf Anhieb. Die Weisheit eines ganzen Lebens wird hier in knappen und leicht verdaulichen Lektionen präsentiert, die wirklich jeder schon von Geburt an kennen sollte."

– Craig Perrine, www.MaverickMarketer.com

„Joe hat es wieder einmal geschafft! In leicht verständlichen Häppchen präsentiert er uns Weisheiten und Gleichnisse, die uns zeigen, wie wir ein gesünderes und glücklicheres Leben führen können. Sein Buch ist das perfekte Geschenk für jeden, der auf der Suche nach einem besseren Leben ist."

– Nerissa Oden, www.TheVideoQueen.com

Über den Autor

Dr. Joe Vitale ist Präsident von Hypnotic Marketing, Inc., einem Unternehmen nahe der texanischen Stadt Austin, und hat als Autor weit mehr Bücher geschrieben, als hier aufgelistet werden können. Dies ist eine kleine Auswahl:

Foto: Julie Eskoff

Er schrieb *The Attractor Factor: 5 Easy Steps for Creating Wealth (or anything else) from the Inside Out*, das den ersten Platz auf der Bestseller-Liste belegte, sowie *The Greatest Money-Making Secret in History*, das den dritten Platz auf der Bestseller-Liste erreichte sowie das E-Book *Hypnotic Writing*, das ebenfalls an erster Stelle auf der Liste der meistverkauften E-Books rangierte. Sein jüngster Titel, den er gemeinsam mit Jo Han Mok verfasste, heißt: *The E-Code: 33 Internet Superstars Reveal 43 Ways to Make Money Online Almost Instantly – with just e-mail.* Sein nächster Buchttitel wird lauten: *There's a Customer Born Every Minute.*

Neben all diesen Büchern hat Dr. Vitale auch die Audio-Reihe *The Power of Outrageous Marketing* aufgezeichnet, die zum Bestseller des Verlagshauses

Nightingale-Conant wurde. Darüber hinaus bietet er unter www.Hypnotic-MarketingStrategy.com einen kompletten Marketing-Lehrgang zum Eigenstudium an.

Zudem können Sie seinen regelmäßigen Newsletter mit dem Titel *News You Can Use!* bestellen, auf seiner Hauptwebsite unter: www.mrfire.com.

290 Seiten
geb. mit SU
Bestellnr. 36962
22,90 Euro

Stanley Bing – Sun Tzu war ein Weichei!

Dass es im modernen Geschäftsleben nicht immer friedlich zugeht, ist bekannt. Viele Manager schwören deswegen auf die Lehren des chinesischen Generals Sun Tzu, dessen „Kunst des Krieges" gemeinhin als Standardwerk zum Thema Strategie gilt. „Alles Quatsch", sagt Fortune-Kolumnist Stanley Bing: „Sun Tzu war ein Weichei!" Diese zugegeben sehr gewagte Behauptung untermauert er in seinem gleichnamigen Buch. In einer Reihe von scharfsinnigen, lustigen und schmerzhaft wahren Lektionen unterrichtet Bing seine Anhänger in der neuen Kunst des Krieges. Er geht über Sun Tzu, Machiavelli, Cäsar und Patton hinaus und rüstet seine Leser für die Schlachten des alltäglichen Lebens. Strategisch wertvoll und amüsant zugleich – Lesevergnügen pur!

272 Seiten
geb. mit SU
Bestellnr. 37018
24,90 Euro

T. Harv Eker – So denken Millionäre

Wir alle haben ein persönliches finanzielles Verhaltensmuster. Es ist tief in unserem Unterbewusstsein verankert, und bestimmt unser finanzielles Leben. Teil I dieses Buches erklärt, wie dieses Muster funktioniert, wie Sie es erkennen und verändern können. In Teil II stellt der Autor 17 „Vermögensdateien" vor. Sie beschreiben, wie reiche Leute denken und wie sie sich in ihrem Handeln von den meisten armen Menschen unterscheiden. In jedem Abschnitt finden sich Anweisungen, die Sie im Alltag umsetzen können, um Ihr Einkommen drastisch zu erhöhen und Reichtum zu erlangen. Wenn es Ihnen finanziell nicht so gut geht, wie Sie es gerne hätten, dann müssen Sie Ihr finanzielles Verhaltensmuster verändern. Genau das werden Sie mithilfe dieses Buches tun.